禅者的初心

[日] 铃木俊隆 著

刘勇军 译

湖南文艺出版社·长沙

谨以此书献给我的师父

　　玉润祖温禅师

目录

1 序言 初心

第一部分

正修

- 8 坐禅的姿势
- 15 呼吸
- 19 控制
- 24 心中的涟漪
- 30 心灵的杂草
- 33 禅道的精髓
- 39 叩拜
- 46 没有什么特别

		第二部分
54	一心之道	
59	重复之道	
63	修禅不是找刺激	
67	正确的努力	正
73	不留痕迹	心
82	上帝的给予	态
89	修行中的谬误	
96	为自身的活动设限	
102	研究自己	
109	擦亮瓷砖	
117	持之以恒	
123	沟通	
132	消极和积极	
137	涅槃与瀑布	

第三部分 正见

- 146 传统的禅的精神
- 152 无常
- 156 存在的特质
- 164 顺应自然
- 170 虚空
- 176 准备与正念
- 181 相信一切皆空
- 188 执与不执
- 193 静
- 197 是体验,而非哲学
- 201 初始的佛教
- 208 超越意识
- 215 佛祖的开悟

- 219 后记　禅心

禅者的初心

寻求智慧就是一种智慧。

序言 初心

"初学者的心有各种可能性,而老手则易墨守成规。"

人说禅修不易,但对原因为何却多有误解。禅修难,并非难在盘腿而坐,或者达到证悟,而是难在我们很难从根本意义上保持内心和修行的清静。禅宗在中国创立以来在很多方面都得到了发展,但与此同时,却变得越来越不够清静。我不想讨论中国的禅宗或者禅宗的历史,我只希望能够帮助你们远离不清静的修行。

日语中"初心"一词,意为"初学者的心"。修行的目的就是始终保有初心。假如你只需要诵读一遍《般若波罗蜜多心经》,你可能会非常用心。但要读上两遍、三遍,甚至很多遍,你会怎样?你可能就没有了当初的认真。同样的事情也会发生在其他的禅修当中。开始的一段时间,你保有初心,但当你修行一两年、两三年,甚至更长时间后,虽然你可能会取得一些进步,但也很容易失去初心所具有的没有止境的意义。

对于禅宗弟子来说,最重要的是不要陷入二元对立的思维当中。我们所说的"初心"包罗万象,其本身就是丰富而充足的。我们不应该失去这种本自具足的心态。不是说我们要封闭自我,而是要排除杂念,清空大脑。排除杂念,便可接纳一切事物,永远持开放的态度。初学者的心有各种可能性,而老手则易墨守成规。

太过执着于分辨,就是在给自己设限。有太多的要求或者贪念,就不再具有本自具足之心。而如果失去了本自具足之心,我们就会失去戒体。如果内心的要求和渴望越来越多,最终你就会破戒,违背不妄语、不偷盗、不杀生、不邪淫等戒律。但如果你能保持初心,就不会破戒。

初学者没有"我已有所得"的想法。所有以自我为中心的想法都会限制我们思想的宽阔。只有当我们不考虑得失,不考虑自我时,我们才是真正的初学者。这时,我们才会真的有所收获。初学者之心就是慈悲之心。如果我们富有同情心,我们就会心无止境。我们宗派的创始人道元禅师总是强调,恢复无限的初心是多么重要。那样,我们就能永远忠于自己,对万事万物抱有慈悲，这才是真正的修行。

所以，最难的地方在于始终保持初心。你不需要对禅有深刻的了解，即使你读过很多的禅宗文献，也要以全新的心态去读其中的每一句话。你不能说"我知道禅是什么"或者"我已达到证悟"之类的话。这也是从事所有艺术的真正秘诀：永远像个新手一样。一定切记这一点。当你开始修禅，你就会感谢自己的初心，这就是禅修的秘诀。

禅修是我们真性的直接表达。
严格地说,除了这种修行以外,我们没有其他的修行,
除了这种生活方式,我们没有其他生活方式。

第一部分

正修

坐禅的姿势

姿势不是获得正确心态的手段,姿势本身就会让人获得正确的心态,没有必要达到某种特殊的心理状态。

现在,我想谈谈坐禅的姿势。采取全莲花坐姿时要将左脚放到右腿,并将右脚放到左腿上。这样交叉双腿，可以使我们的双腿合二为一。这个姿势体现了二元合一的状态：既非二元对立，也非一元。这是最重要的教义：不二元对立，也非一元。我们的身心既不是二元的，也不是一元的。如果你认为身心是两个独立的存在，那你错了。如果你认为它们是一回事，这同样也是错的。我们的身心既互相独立又合二为一。我们总是认为事物要么是一，要么就多于一，要么是单数，要么就是复数。但从实际的经验来看，我们的生命既是多样的，也是唯一的。人既独立又互相依赖。

若干年后我们会死去，如果我们认为这是生命的终结，那我们错了。但另一方面，如果我们认为自己不会死，那同样也是错的。我们死了，但又没死，这才是正确的理解。也许有人会说我们的精神和灵魂永存，只有肉体会消亡。这样的说法并不准确，因为无论精神还是肉体都会消亡。但另一方面，它们又会永远存在。我们说身与心，但实际上它们只是一枚硬币的两面而已，这才是正解。所以，采取全莲花坐姿就是在体现这一真理。当我把左脚放到身体右侧，再把右脚放到身体左侧，我就再也无法分清哪只在左，哪只在右，它们都既在左边，也在右边。

坐禅姿势中最重要的是保持背部挺直，耳朵和肩膀应该在一条直线上。放松肩膀，头顶正对天花板，收拢下巴。如果你抬起下巴，这个姿势就会失去原有的力量，你可能就是在浪费时间。同样，为了使坐姿具有力量，你要使膈向着丹田，也就是小腹沉下去，这会帮助你保持身心的平衡。保持这种姿势，开始你可能会感到呼吸有些困难，但当你习惯后就能够自然而然地进行深呼吸了。

坐禅时双手要结"禅定印"，即将右手置于左手之上，中指的中间关节上下重叠，拇指轻轻地碰在一起（像夹着一张纸一样），双手形成一个美丽的椭圆形。你要非常专心地保持这个手印，就像手里拿着一件非常珍贵的物品。手要贴在身体上，拇指的高度与肚脐齐平。双臂自然下垂，稍稍离开身体，好像两侧夹着一颗鸡蛋且不使其破碎。

坐直身体，不要向两侧或者前后倾斜，就像用头顶着天空一样。这些不仅仅是姿势或者呼吸方法，还关乎佛教的要义，可以完美地体现你身上的佛性。如果你想真正地理解佛教，就要依此修行。姿势不是获得正确心态的手段，姿势本身就是我们修行的目的。保持这种坐姿，你就会有正确的心态，所以没必要试图达到某种特殊的心理状态。当你有所企图时，你的心思就无法集中。而如果你无所企图，你的身心都将与你同在。禅宗大师说："见佛杀佛！"如果佛存在于其他地方，那就杀了佛。杀死佛，这样才能恢复你自己的佛性。

我们做任何事体现的都是我们的本性。我们存在的原因无他，就是为了自己。这就是我们遵守的形式所表达的最基本的佛教教义。像坐禅一样，站禅也有一定之规。不过这些规则不是为了让人们保持同样的姿势，而是允许人们用最自由的方式表达自己。例如，每个人都有自己的站姿，因而站禅的姿势将取决于我们身体的比例。站禅时，双脚脚跟要相距一拳的宽度，脚尖与双乳对齐。和坐禅时一样，腹部要稍稍用力。同时，双手也要表现出你的状态，要将左手置于胸前，拇指向下，四指握住拇指，再用右手握住左手。小臂与地面平行，仿佛怀抱一根粗大的庙宇圆柱，这样你就不会摔倒或者向一侧倾斜。

最重要的是意识到身体的存在。如果你精神不振，心就会飘向别处，你的意识就不会留在自己的体内。这不是修行的正道。我们必须存在于此时此地！这是关键所在。你必须觉察到自己的身心。一切都应该恰如其分，各司其职。这样才会万无一失。如果我讲话的时候麦克风被放到了别处，那它就无法派上用场。

如果我们的身心井然有序，那其他的一切也会恰如其分，各司其职。

然而，我们通常会不自觉地试图改变其他事物，对它们进行整理。但是，一个人自己杂乱无章时是无法安排好事情的。当你在合适的时机，采用恰当的方式做事时，其他的一切就会安排就绪。你就是"老板"，如果老板在睡觉，那其他的员工也会打瞌睡。只有当老板做老板该做的事情时，其他人才会尽职尽责。这就是佛教的奥秘。

所以，始终要保持正确的姿势，不仅是在坐禅时，在进行其他活动时也同样如此。无论是开车，还是读书都要采取正确的姿势。如果你以一种懒散的方式读书，你就无法长时间地保持清醒。去尝试一下，你会发现保持正确的姿势是多么重要。这才是佛教真正的教义。写在纸上的教义不是真正的教义，那是大脑的食粮。当然，让大脑获取一定的养料是有必要的，但更重要的是通过正确的修行来做自己。

这就是为什么佛祖不能接受他那个时代的其他宗教。他研究过很多宗教,但对它们的修行方式都不满意。他无法从苦行主义和哲学中找到答案,对某些形而上学的存在也不感兴趣。他只对自己的身心,对存在于当下感兴趣。找到自我后,他发现一切事物皆有佛性,这就是佛祖的开悟。开悟并非某种良好的感觉或者特别的心理状态。当你采取正确的坐禅姿势时所产生的心理状态,本身就是开悟。如果你对自己坐禅时的状态不满意,那说明你的心仍然游离身外。在这种坐姿下,就无需谈论正确的心态了,因为你已经处于这种状态当中。这就是佛教的定论。

呼吸

所谓"我",只是在我们一呼一吸之间转动的一扇弹簧门而已。

坐禅时,我们的意识总是随着呼吸而流动。吸气时,空气进入我们内在的世界;呼气时,空气就排出体外进入了外部世界。我们内在的世界是无限的,外部世界也同样如此。我们总是说"内在世界"和"外在世界",但实际上它们是一个整体。在这个无限的世界中,我们的喉咙就像一扇弹簧门。空气进来又出去,就像有人推门进进出出一样。如果你认为是"我在呼吸",那这个"我"是多余的,因为不存在一个可以说"我"的主体。所谓"我",只是在我们一呼一吸之间转动的一扇弹簧门而已。它开开合合,仅此而已。如果你的心能够在呼吸时保持足够的清静,那你就可以做到了无挂碍:无我亦无世界,没有肉体也没有心,只有一扇弹簧门。

所以,我们坐禅时,唯一存在的只有呼吸。不过,我们要觉察自己的呼吸,不要心不在焉。但觉察呼吸并不意味着要觉察你的"小我",而是要觉察自己的宇宙性,即佛性。这种觉知至关重要,因为我们总是非常片面。我们对人生的理解通常都是二元对立的:非你即我,非此即彼,非好即坏。实际上,这种分别本身也是对宇宙存在的觉察。"你"意味着以你的形式觉察宇宙的存在，而"我"则意味以我的形式觉察宇宙的存在。你我只是弹簧门而已。这种理解是必不可少的，我们甚至不应该称之为理解，这是通过禅修所获得的真实的生活体验。

因此，坐禅时是没有时空概念的。你可能会说："我们从六点差一刻开始在这个房间打坐。"这样你就有了时间概念（六点差一刻）和空间概念（这个房间）。然而，实际上，你只是坐在那里感受宇宙的运行，仅此而已。此刻，滑动门朝这个方向打开，而下一刻它就会向相反的方向打开。每个人每时每刻都在重复这一运动。不存在时间，也不存在空间，时空是一个整体。你也许会说："今天下午我必须做一件事情。"但实际上"今天下午"并不存在。我们一件事接着一件事地去做，仅此而已。所谓的"今天下午""一点钟"或者"两点钟"并不存在。你在一点的时候吃午餐，吃午餐本身就是一点钟。你可能去某个地方吃饭，但你无法将那个地方与一点钟分开。对于真正享受生活的人来说，它们是一回事。当我们对自己的生活感到厌倦时，我们可能会说："我不该来这个地方，还不如去其他地方吃午饭。这地方可不怎么样。"我们的脑海中产生了与实际时间相分离的空间概念。

控制

控制牛羊的方法就是给它们一片宽阔的草地。

　　佛性的显现,意味着小我每时每刻都会死去。每当失去平衡,我们就会死去,但与此同时,我们自身也得到了发展和成长。你我所见皆在变化,在不断地失去平衡。任何看起来很美的事物实际上都处于失衡状态，但它们的背景却总是异常和谐。这就是佛性显现后事物存在的方式：在完美平衡的背景中不断地失去平衡。如果你在看待事物时没有意识到其背后的佛性，那么你会觉得众生皆苦。但如果你理解了事物存在的本色，你就会意识到受苦就是我们生活和延长生命的方式。所以，禅道有时会强调生命的失衡和无序。

如今，日本的传统绘画已经变得循规蹈矩，了无生气。于是现代艺术发展了起来。古代画家常常在纸上随意却又不乏艺术性地泼墨成画，要做到这一点其实非常困难，即使你想模仿，在泼墨时通常还是会遵循某种秩序。你认为自己可以驾驭这种作画方式，但实际上你根本驾驭不了。想要随意地泼洒墨汁几乎是不可能的，日常生活也是如此。如果你试图控制别人，你会发现那是不可能的。控制人们的最好办法就是鼓励他们胡闹，这样你就从广义上控制了他们。控制牛羊的方法就是给它们一片宽阔的草地。对人也是一样：

让他们做他们想做的事情，然后看着他们，这是"上策"。置之不理是不对的，那是"下下策"。而试图控制人们则好一点，为"下策"。上策就是看着他们，但只是看着，而不是试图控制。

同样的道理也适用于你自己。如果你想从坐禅中获得绝对的清静，就不应该被脑海中的各种杂念所干扰。任由其来去，它们就会受你控制。但要做到这一点并非易事，所谓知易行难，你需要做一些特别的努力。如何摒除杂念是修行的秘密所在。假设你在某些特殊的情况下打坐，如果你试图让自己平静下来，就会发现自己无法安坐；如果你试图不被打扰，那你的力气就使错了方向。唯一有效的办法是数息，或者专注于自己的呼吸。尽管我们提到了专注，但专注并非禅道的真正目的。其真正的目的是看见事物的本质，观察事物的本来面目，让一切顺其自然，这就是广义上对事物的控制。修禅是为了打开狭窄的心胸，专注是为了有助于获得宽广的胸襟，或者说海纳百川的心灵。如果你想在日常生活中发现禅的真义，那么你必须理解采取正确的坐禅姿势、专注于自己的呼吸和身体具有什么样的意义。你要在修行和学习中更加仔细和认真地遵守修行的规则，只有这样你才能体验到禅所蕴含的无上自由。

道元禅师说："时间从现在流向过去。"虽然听上去有些荒谬，但在修行中有时的确如此，时间不是从过去流向现在，而是从现在倒流回过去。源义经是生活在日本中世纪的一位著名武士，由于国家战乱前往北方，却不幸死在了那里。他临走前向妻子道别，不久后，妻子就在一首诗中写道："如君回转纺轮，妾盼昔变为今。"她说这句话时实际上已经把过去当成了现在。在她的心里，过去变得鲜活起来，成了现在。正如道元禅师所说："时间从现在流向过去。"以理性思维来看，这句话说不通，但从真实的体验来看，却又是对的，有诗为证，有人生为证。

如果我们能体验到这一真理，那说明我们悟出了时间的真谛。时间不间断地从过去到现在，又从现在到未来。这的确不假，但时间也会从未来回到现在，再从现在回到过去。一位禅宗大师曾说："向东走一里，就是向西走一里。"这就是无上的自由，是我们应当获得的完全的自由。

但是想找到完全的自由就需要遵守某些规则。人们，尤其是年轻人以为自由就是随心所欲，认为禅不需要规则。但规则对我们来说是绝对必要的。不过，这并不是说要让自己始终处于控制之下。只有遵守规则，你才有机会获得自由。无视规则而妄想获得自由是毫无意义的。正是为了获得完全的自由我们才需要修禅。

心中的涟漪

因为开阔的心胸享受生活的方方面面,不在意任何过度的快乐,沉着而冷静。

不要试图在修禅时停止思考。要让思绪自己停下来。如果脑海里出现了某些想法,就让它出现好了,它会自行离开,不会停留很久。而当你试图停止某个想法时，说明你受到了它的干扰。不要为任何事情所困扰。想法看上去来自你的大脑之外，但实际上它们只是你心中的涟漪，如果你不受影响，它们就会逐渐地平静下来。你的心会在五分钟，或者最多十分钟内变得彻底沉静下来。这时，你的呼吸会变慢，而你的脉搏则会变得稍微快一些。

想在修行中变得平静沉着需要很长的一段时间。你的心中会涌现出很多的感受、想法和想象。不过，它们只是你心中泛起的涟漪，并不是来自外界。我们常常认为自己的心在接受外界的印象和体验，但这种理解是不对的。实际上，一切都存在于心中。你认为外界让你有了某些想法，实际上它们只是出现在了你的脑海当中。外界的任何事物都不会对你造成困扰。是你让自己的心中泛起了波澜。如果你让自己的心顺其自然，它就会平静下来，变得开阔。

如果你的心与外界有所牵挂，它就会变得狭窄、局限。如果你的心了无挂碍，那么你就不会对心里的想法产生二元性的理解。你会把这些想法看作心中的涟漪。开阔的心胸会体会内在的一切。一种是包含万物的心灵，而另一种则是有所牵挂的心灵，你明白两者的区别吗？实际上它们是同一颗心灵，只不过对事物的理解有所不同，而对事物的理解将决定你对生活的态度。

包罗万象是心灵的本质。想体会到这一点就要有宗教的情怀。即使心中起了波澜，心的本性仍然是纯净的，就像清澈的水面泛起了涟漪。事实上，水面一直都有涟漪，涟漪是水的修行。抛开涟漪谈水，或者抛开水谈涟漪都是妄想。水和涟漪是一体的，开阔的心胸和狭窄的心胸也是一体的。如果你能这样看待自己的心灵，你的心就会在某种程度上变得平静。因为它不期待任何来自外界的事物，非常充实。起了涟漪，心并不会受到困扰，事实上，它非常丰富。无论你有什么样的体验，那都体现了你开阔的心灵。

开阔的心灵会用各种体验来丰富自己。从某一方面来说，我们每一次获得的体验都是新鲜的，但从另一方面来说，它们不过是由我们开阔的心灵连续或者重复呈现的。例如，你早餐吃了好吃的东西，你会说："真好吃。""好吃"这种感觉来自你以前的一些经历，哪怕你不记得那是多久之前的事情。拥有开阔的心胸，我们就会把每次体验视为从镜中看到自己。我们不害怕失去这种开阔的心态。它无所来亦无所去，它无惧死亡，也不为衰老和病毒而痛苦。因为开阔的心胸享受生活的方方面面，不在意任何过度的快乐，沉着而冷静。修禅时所应具有的正是这种沉着而冷静的开阔心胸。

包罗万象
是心灵的本质。

想体会到这一点就要有宗教的情怀。即使心中起了波澜,心的本性仍然是纯净的,就像清澈的水面泛起了涟漪。事实上,水面一直都有涟漪,涟漪是水的修行。

心灵的杂草

你应该感谢心中的杂草,它们最终会丰富你的修行。

早上被闹钟吵醒让你感到不舒服。要去打坐也不轻松,即使到了禅堂开始坐禅,你也要说服自己坐好。这些都是你心中的涟漪。清静的坐禅中不应该有任何涟漪。继续打坐,这些涟漪就会趋于平静,而后你就要尝试面对其他某些微妙的感受。

我们说:"拔除杂草给植物养料。"我们拔掉杂草,并把它们埋在植物旁边,为植物提供养分。所以,即使在修行时遇到某些困难,打坐时心里产生了涟漪,这些涟漪本身也会对你有所助益。因此,不要因为自己的思绪感到苦恼。你应该感谢心中的杂草,它们最终会丰富你的修行。当你体验到心中的杂草变成精神养料时,你的修行就会取得显著的进展。你会看到自己的进步,体会到它们如何滋养你。当然,想要对修行做出哲学或精神学方面的解释并不困难,但这是不够的。我们必须真正地体验到杂念如何变成了养料。

严格说来,我们所做的任何努力对修行都无益,因为它们会在我们的心中产生涟漪。然而,想要不做任何努力就达到内心的绝对清静也是不可能的。我们必须做出努力,但又必须忘记自己所做的努力。其中没有所谓的主观性或客观性。保持内心的平静，不带任何意识，在这种无意识中，所有的努力、念头和想法都会消失。所以，我们要鼓励自己，让自己坚持到杂念全部消失。你必须专注于呼吸，直到你意识不到自己在呼吸。

我们要永远地继续努力下去，但不要期望可以达到忘记这些努力的境界。我们只需要将注意力集中在呼吸上，这就是真正的修行。坐禅时，你所做的努力会越来越精细。起初，你的努力既粗糙又不纯粹，但是通过修行，你的努力会越来越纯净。这时，你的身心也会变得纯净。这就是修禅的方法。一旦懂得了我们本自具有净化自己和周围的力量，你就知道该如何正确地行事，你会向周围的人学习，与他人变得友好。这就是禅修的价值。不过，别忘了修行的方法就是通过巨大而纯粹的努力，采取正确的姿势，将注意力集中在呼吸上。这就是禅修的方法。

禅道的精髓

坐禅的姿势会使你的身心拥有强大的力量,能够接受事物的本来面目,无论它们是否令人愉快。

佛经(《杂阿含经》[1]第33卷)中提到世上有四种

---
[1] 原始佛教的基本经典。——译者注

马：上等良马、普通良马、次等马和劣等马。上等良马未见鞭影便可随主人心意而行，或疾或缓、左驰右骋。普通良马鞭未及身可随主人心意而奔。次等马要待鞭子及身，而劣等马则要等到痛彻脊髓时才会奔跑。可以想象，劣等马要学会奔跑是多么困难。

听到这个故事，几乎所有人都希望自己成为上等良马。如果成不了上等良马，至少也可以做个普通良马。这就是人们通常对这个故事以及禅的理解。你也许以为坐禅会让你知道自己是上等良马还是劣等马。然而，这是对禅的误解。如果你认为禅修的目的是将你训练成上等良马，那你就大错特错了，这并非正解。用正确的方法修禅，是良马还是劣马，是无关紧要的。想想佛祖的慈悲，你认为佛祖会对这四种马有何看法？比起上等良马，他会更加同情劣等马。

当你决定以伟大的佛心来修禅时，你会发现劣等马才最有价值。你将从自己的不完美中找到一心求道所依赖的基石。那些坐姿完美的人往往需要花更多的时间才能发现禅的真谛，禅的真实感受和禅的精髓。而那些在坐禅时感到非常困难的人却会从中发现更多的意义。因此，我认为有时上等良马可能才是最差的马，而劣等马可能是最好的马。

研究书法，你会发现不太聪明的人往往会成为最好的书法家。聪明的人在达到一定程度后，在书写时会遇到很大的困难。这个道理同样也适用于艺术、禅修和生活。所以，当我们在讨论坐禅时，我们不能从普通意义上来说"他坐得好"，或者"他坐得差"。修禅的姿势因人而异，有些人可能做不到盘腿而坐。即使做不到正确的姿势，但如果你能够怀有真正的求道之心，那么你也可以做到真正意义上的修禅。事实上，比起那些容易坐好的人来说，打坐有困难的人更容易产生真正的求道之心。

回想自己的日常生活，我们总为自己感到羞愧。

我的一位弟子写信告诉我:"您送给我一本日历,我也试图遵循每一页上的佛家箴言去做。可新的一年还没开始,我就已经失败了。"道元禅师常说"一错再错"这个概念。道元禅师认为,一错再错也可以悟禅。禅师的一生可以说就是多年来的一错再错,这意味着他这么多年来付出了一心一意的努力。

我们说:"好父亲未必是好父亲。"你理解这句话的意思吗?认为自己是好父亲的人不是一个好的父亲,认为自己是好丈夫的人也不是一个好的丈夫。如果一个人认为自己是个糟糕的丈夫,但他总是一心一意地想成为一个好丈夫,那么他就可能是个好丈夫。如果打坐时感到痛苦或者身体不适,你可以换个姿势,坐在厚垫子上或者椅子上。即使你是最劣等的马,你也会领悟禅的精髓。

假使你的孩子得了不治之症,你不知该如何是好,你无法躺下来。通常最舒服的地方就是温暖舒适的床,而现在精神上的痛苦使你无法安睡。你可能会走来走去，进进出出，但这于事无补。事实上，解除精神痛苦的最好的办法就是坐禅，即使你状态欠佳，姿势不对。如果没有在这种困难的时刻打过坐，那么你不是一个真正的禅宗弟子。其他任何行为都无法减轻你的痛苦。不安的姿势会使你没有力量面对困难，而坐禅的姿势是你经过长时间、艰苦的修行练就的，它会使你的身心拥有强大的力量，能够接受事物的本来面目，无论它们是否令人愉快。

如果你不开心，那么最好去打坐。没有其他接受和解决问题的办法。不管你是良马还是劣马，不管你的姿势是否正确，这些都不是问题。人人都可以修禅，并且可以通过这种方式解决和接纳自己遇到的问题。

当你置身于困难之中，哪个对你来说会更真实：是你遇到的问题还是你自己？意识到此刻自己就在这里才是最终的事实，你会通过禅修认识到这一点。通过不断的修行，面对一连串好的和坏的境遇，你将掌握禅的精髓，获得禅真正的力量。

叩拜

叩拜是非常严肃的修行,即使在人生的最后一刻你也要准备叩拜。即使你无法去掉以自我为中心的欲望,也要叩拜。我们的真性需要我们这么做。

坐禅结束后,我们会叩拜九次。叩拜表示我们放下了自己,放下了二元对立的思维。所以,坐禅和叩拜并无差别。叩拜常常用来向比我们更值得尊敬的人事致敬。但是，向佛祖叩拜时，你无需想到佛祖，你已经与佛祖合二为一，你就是佛祖本身。当你和佛祖融为一体，与万事万物融为一体，你就会发现存在的真谛。放下所有二元对立的想法，万事万物皆可成为你的老师，成为你崇敬的对象。

当你的心胸开阔到可以容下世间的一切时，所有二元对立的关系就会烟消云散。天堂与人间，男人与女人，师父与徒弟都没有差别。有时，男人向女人叩拜，而有时，女人会向男人叩拜。有时，徒弟向师父叩拜，有时，师父又会向徒弟叩拜。不能向徒弟叩拜的师父也不会向佛祖叩拜。有时，师父和徒弟会一起向佛祖叩拜。有时，我们也会向猫和狗叩拜。

用开阔的心胸看待事物，世间的一切都是平等的。万事万物就是佛祖本身。无论你看到或者听到什么，你接触的都是事物的本身。修行人应该接受事物的本来面目，要像对待佛祖一样尊重所有的事物。这就是成佛。佛祖向佛祖叩拜，你向自己叩拜，这才是真正的叩拜。

如果修行时没有开阔的心胸所应具有的坚定的信念，那么你的叩拜就是二元对立的。当你成为真正的自己时，你才是在真正意义上向自己叩拜，你与万物已融为一体。只有当你是你自己的时候，你才可能从真正意义上向万物叩拜。叩拜是非常严肃的修行，即使在人生的最后一刻你也要准备叩拜。当你除了叩拜什么也做不了时，那就叩拜。这样的信念是非常必要的。秉持这样的精神去叩拜，你将获得所有的戒体和教义，你将拥有开阔胸怀所包容的一切事物。

日本茶道的创始人千利休于1591年在其领主丰臣秀吉的勒令下切腹自尽了。就在千利休自杀前，他说："当我手握这把刀时，心中没有佛祖，也没有族长。"他的意思是开阔的心胸就是一把刀，而当我们拿起这把刀时，内心就不会再有二元对立的想法，唯一存在的只有这种精神。利休的茶道中总是能透露出这种冷静的精神。他从未以二元对立的方式做任何事情，他随时准备死去。每一次茶道仪式之后他都会死去，而后他又会重获新生。这就是茶道的精神，这就是我们叩拜的方式。

我的师父因为叩拜额头上长起了老茧。他知道自己顽固不化，于是他不停地叩呀叩。他之所以不停地叩拜是因为他的内心总能听到师父斥责他的声音。我的师父是在三十岁的时候入的曹洞宗，这个年纪对出家的日本僧人来说是相当晚的。人年轻的时候没有那么固执，容易去掉自私的秉性。所以他的师父总是管他叫"新来的"，训斥他这么晚才出家。事实上，他的师父喜欢他顽固的个性。我的师父到了七十岁的时候说："年轻时，我像只老虎，现在我像只猫。"他很高兴能像只猫一样。

叩拜可以帮助我们去除以自我为中心的杂念，这并不容易。去掉这些杂念非常困难，而叩拜是非常有用的修行方式。结果并不重要，重要的是我们为了改善自己所做的努力。修行是没有止境的。

每次叩拜都是对佛教四弘誓愿的表达。这四愿分别为：众生无边誓愿度，烦恼无尽誓愿断，法门无量誓愿学，以及佛道无上誓愿成。如果佛道无上无可企及，我们又如何成佛？但我们仍然要去修佛，这就是佛法。"因为此事可行才去做。"如果心中有这样的想法，那不是佛法。即使是不可能的事，我们也要去做，因为我们的本性需要我们如此。实际上，重点并不在于这件事是否可行。如果我们内心最深的渴望是去除以自我为中心的杂念，我们就非如此不可。付出努力，内在的欲望将得以平息，我们将达到涅槃的境界。在决定去做之前，你会感到困难。但一旦你开始行动，一切困难将迎刃而解。努力平息了你内在的欲望。想要获得平静没有别的办法。内心的平静并不意味着你要停止行动。真正的平静就存在于行动之中。我们说:"静止时容易平静,动时难以平静,但行动中的平静才是真正的平静。"

修行了一段时间后,你会认识到急于求成是不可能的。即使非常努力,你也只能一点一点地进步。不同于沐浴,你会知道自己的身体什么时候淋湿了。这就好像你身处在大雾中,不会明显感觉到身体淋湿了,只不过随着你在雾中走的时间越长,身上的湿气便会一点点地加重。如果你总是想进步,你也许会说:"哦,这个速度真是太慢了!"但实际上这并不慢。一旦在大雾中湿透了,身体是很难变干的。所以不要担心自己是否取得了进步。就好像学一门外语,你不可能一下子就学会,但是通过不断重复你最终能掌握它。这就是曹洞宗的修行之道。我们要么说自己一点点地在进步,要么根本就不期待任何进步。只要保持虔诚,每时每刻付出全部的努力就足矣。除了修行，你是无法达到涅槃的。

没有什么特别

如果坚持每日用这种简单的方式修行,你会获得某种奇妙的力量。不过,在获得之前,你会觉得它很奇妙,而一旦获得后,你会发现它并没有什么特别。

坐禅后我不喜欢谈话,我认为光是坐禅便已经足够了。但是，如果必须说点什么的话，我想说一说坐禅的神奇之处。我们的目的是终生修行。修行始于无始之时，将持续到无尽的未来。严格地说，除了这种修行以外没有其他的修行，除了这种生活方式以外没有其他的生活方式。禅修就是对我们真性的直接体现。

当然，我们的所作所为都是我们本性的体现，但没有修行我们很难意识到这一点。运动是我们的本性，也是每一个存在的本性。只要活着，我们就总在做事。但如果你想"我要做这件事"，"我必须做这件事"或者"我必须达到某种特别的状态"，那么实际上你无所作为。而当你放弃，不再渴望某些东西，或者不再试图做任何特别的事情时，你才真的有所作为。如果在做一件事时你没有得失心，那么你就是真的在做这件事。坐禅不是为了其他的目的。你也许会觉得自己在做某些特别的事情，但实际上那只是你本性的体现，是为了平息你内在的欲望。只要你认为自己在为某些目的坐禅，那就不是真正的修行。

如果坚持每日用这种简单的方式修行，你会获得某种奇妙的力量。不过，在获得之前，你会觉得它很奇妙，而一旦获得后，你会发现它并没有什么特别。那就是你自己，没什么特别的。"庐山烟雨浙江潮。"[1]人们认为云雾缭绕的著名山峰，以及传言中气吞山河的钱塘江一定美不胜收，但一旦去过这些地方，你就会发现山就是山，而水就是水而已，没有什么特别。

对于没有经历过开悟的人来说，开悟是个谜，非常神奇。而对于经历过的人来说，开悟什么都不是，却又并非一文不值，你能明白吗？对于一个孩子的妈妈来说，孩子并没有什么特别之处，这就是禅。所以，如果你继续修行，你会逐渐有所收获，但没有什么特别的，只不过就是一些进步而已。你也许会称之为"宇

---

1 引自北宋诗人苏轼的七言绝句《庐山烟雨浙江潮》。——译者注

宙的本质"、"佛性"或者"开悟",你可以为其赋予许多的名称,但对于已经开悟的人来说,那并没有什么,只是开悟而已。

只有表达自己真实的本性,我们才是人类。如果不能表达真实的自己,我们就不知道自己是谁。我们不是动物,因为我们用两条腿走路。我们不是动物,那我们究竟是什么？我们可能是一只幽灵,我们不知道该怎么称呼自己。这样的生物不是真的存在,只是一个幻觉。我们不再是人,虽然我们的确存在。当禅不是禅时,一切都不存在。从理智上来说,我的谈话毫无道理,但如果你体验过真正的修行,你就会理解我的意思。一切存在都有其真实的本性,即佛性。《涅槃经》中佛祖有云:"众生皆有佛性。"而道元禅师将其解读为:"众生皆为佛性。"两者是有区别的。如果你说"众生皆有佛性",那就意味着佛性存在于众生之中,因而佛性与众生是可以分开的。而如果你说"众生皆为佛性",那么众生本身就是佛性。没有佛性,一切都不存在。佛性之外的一切皆为虚幻,它们可能存在于你的大脑之中,但实际上却并不真的存在。

所以,做人就是做佛。佛性只是对人性,也就是我们真实本性的另一种称呼。如此一来,即使你一事不做,但实际上你仍然有所作为。你在表达自己,表达自己的真性。你的眼睛、声音、举止都在表达着自己。最重要的是要用最简单却又最充分的方式去表达,并且从最细微处欣赏自己的真性。

坚持这样修行,日复一日,年复一年,你的体会将越来越深刻,并且会蔓延到你日常做的所有事情当中。最重要的一点是放下所有的得失心和二元对立的想法。换句话说,就是用专门的姿势修禅。放空自己,无所期冀地端坐于垫子上。那么最终你将找回自己的真性,也就是说,你的真性将自行回归。

我们所看重的，是坚信自己的本真。

第二部分

正心态

一心之道

纵然太阳从西边升起,菩萨也只会沿一条道而行。

我今天在这里发言,不是为了启迪各位的智慧,只是想讲一讲我在禅修上所得的感悟。能与各位一起坐禅,是一种极其不同寻常的体验。当然,无论我们做什么,都是与众不同的,人生一世,本就独一无二。

佛祖说过:"珍惜生命,当其与指甲上的泥土一样珍贵。"各位可知,指甲本就很少粘上泥土。人生难能可贵,精彩纷呈。每每打坐之际,我都希望那一刻能成为永恒,但我还是鼓励自己进行其他修习,比如诵经或是叩拜。叩拜的时候,我心中念道:"果然妙不可言。"但我必须转而进行其他修习,去诵读经文。因此,我在这里讲话,目的只是要讲出自己的感悟,仅此而已。打坐不是为了有所获益,我们打坐,是为了展现本真。修行的目的便在于此。

各位若想展现自我,将本真形之于外,该当选取自然之法,适当之式。哪怕坐下来打坐或打坐完起身时身体左摇右摆,也是在表达你自己。修行前的准备不是,修行后的放松亦不是,表达真我是修行的一部分。因此,不该将它当成是为别的事所做的准备。日常生活也应该是如此。道元禅师说过,烹饪不是准备工作,它本身就是一种修行。做饭,并不只是为别人或自己准备食物，而是在表达你的本真。所以，在做饭的过程中，你应该在厨房的活动中表现自己。你应该给自己留出足够的时间，保持思想专注，将一切杂念摒弃在外，不抱半点期待，只一心一意做饭！这也是在表现本真，是修行的一部分。用这样的方式打坐确有必要，但坐禅并非唯一的途径。无论怎么做，都应该表达内心深层的活动。我们要重视自己所做的事，而这些事并不是其他事的准备工作。

菩萨之道，即是"一心之道"，也可以说是"一条千万里长的铁轨"。这条铁轨总是一成不变的。假如它时而变宽时而收窄，必将引来灾难的后果。无论走到哪里，铁轨始终如一。菩萨之道便是如此。所以即使太阳从西边出来，菩萨也只有一条路。纵然太阳从西边升起，菩萨也只会沿一条道而行。菩萨之道，在于每个表达本性和本真的时刻。

说是"铁轨"，但实际上并没有这样的东西。本真即是铁轨。我们从火车上看到的景色会改变,但我们始终行在同一条轨道上。这条轨道没有起点也没有终点:无始亦无终。不存在起始点,也没有目的地,不需要达到任何目标。坚持在铁轨上一路跑到底,就是我们的修行之道。禅修的精髓,便在于此。

然而,假如你对铁轨产生了好奇,那么危险就将接踵而至。你不应该看铁轨。盯着铁轨,只会让你头晕目眩。只欣赏从火车上看到的风景即可。这就是我们的修行之道。乘客们没有必要对铁轨感到好奇。自会有人去维护铁轨。佛祖自会维护。但有时,我们会尝试围绕铁轨分析一番,毕竟对一个恒久不变的东西,难免产生好奇之心。我们苦苦思索:"菩萨是怎么做到长久如一的?他的秘诀是什么?"但并没有秘诀可循。每个人的本性都和铁轨一样。

有一对好朋友名叫长庆和侯福。一日,二人说起菩萨之道。长庆说:"即使阿罗汉(已开悟)有私欲,如来（佛祖）也没有二话。我说如来有话，却没有二话。"侯福说："即使你这么说，你的话也不尽善尽美。"于是长庆问道："你对如来之言作何理解？"侯福道："你我讨论得够久了，还是喝杯茶吧！"侯福没有回答他的朋友，因为道之为何，无法用语言来解释清楚。然而，作为修行的一部分，这两位好朋友还是讨论了菩萨之道，不过他们并不期望找到新的解释。于是侯福回答："讨论到此结束。我们去喝茶吧！"

如此回答真是绝妙，不是吗？我的讲话亦是如此，我讲完了，各位也不再聆听。无需将我的话记在心里，更没有必要去理解我的话有何意味。你们早已了然，早在内心深处有了充分的认识。如此再无是非。

重复之道

无心于重复,修行将难于登天。

在佛祖的时代里,印度的思想和修行都秉持着一个观点:人乃灵肉合一之体。他们认为肉体束缚了精神,因此在宗教修行中,他们着眼于削弱肉体的元素,从而让精神得到解放,变得更为强大。佛祖发现,在印度,人们非常重视苦修。但佛祖在苦修中发现,肉体是永远也净化不清的,一味追求此道,只会让宗教修行陷入空想的泥沼。只有生命走到了尽头,这种与肉体的战争才会告一段落。但根据印度的这种思想,人能投胎转世,到了下一世,对抗还将继续,一次又一次重复,却永远也实现不了圆满的开悟。即使你认为自己可以压抑肉体的力量,将精神的能量释放,那也只有不断进行苦修,才能延续这一结果。只要重归日常生活,肉体的力量必将再次增强,如此你就不得不再次加以削弱,才能再度获得强大的精神力量。那么,你就得一遍又一遍地重复这个过程。对于佛祖所遇到的印度修持,我所说的也许过于简单化,我们可能会认为这很可笑,但事实是,有些人直到今天还在以如此方式修行。有时候,在不知不觉中,这种苦修的想法便会出现在他们的心灵深处。然而,如此修行,是取得不了任何进展的。

  佛祖的方式则完全不同。起初,他研究了当时和当地的印度教习俗，并开始苦修。但佛祖对构成人类的元素不感兴趣，也对形而上学的存在理论不感兴趣。他更为在意的是自身在当下的存在。这才是他最关心的问题。面包的确是用面粉做的。对佛祖来说，面粉在烤箱里如何变成面包，才是最重要的事。他的兴趣主要在于我们如何获得开悟。开悟之后，无论是面对自己还是面对他人，人都具有了完美且可取的品格。佛祖想知道人类是如何培养出这种理想品格的：往昔的各位圣贤做了什么才会成为圣贤。为了弄清楚怎么把面团烤制成喷香的面包，他一遍又一遍地尝试，直至取得了圆满的成功。如此便是他的修行。

但是，我们可能会觉得每天一遍又一遍地烤面包是一件很无趣的事。你可能会说：那也太无聊了吧。无心于重复，修行将难于登天。但如果你充满了力量和活力，就没什么能难倒你。无论如何，我们不能什么都不做。我们必须有所行动。因此，如果你要做些什么，那务必做到敏锐、仔细、警觉。我们的方法是把面团放在烤箱里，并仔细观察。一旦你弄清楚面团如何变成面包，就能开悟。如此，让肉身成为圣贤，才是我们的主要兴趣所在。什么是面粉，什么是面团，什么是圣人，我们并不在意。圣人就是圣人。从形而上学的角度解释人性，不是重点。

所以，我们强调的修行不能过于理想化。如果艺术家太过理想主义，最终只会自我了结，因为他的理想和实际能力之间悬殊太大。没有哪座桥梁可以长到跨越这道鸿沟，他们必会深陷绝望而不能自拔。这是平常的精神修行之道。但我们的精神修行之道并不会过分注重理想主义。最起码，我们应该乐于把面包烤得既好吃又好看！真实的修行就是一再重复，直到你明白如何让自己成为"面包"。我们的修行之道没有秘密。要做的就是坐禅，再把自己放进烤箱里，如此便是我们的修行之道。

修禅不是找刺激

修禅,不在于寻求刺激,而是贵在专注每天的日常体验。

师父圆寂那年,我只有 31 岁。我很希望自己能在永平寺全身心地投入禅修当中,但我必须接替他,成为寺里的住持。于是我变得非常忙碌,由于年纪轻轻,碰到了很多麻烦。一路披荆斩棘克服重重困难，我确实收获了一些经验，但比起平静安宁的生活，这些经验毫无意义。

坚持修禅之道是很有必要的。修禅，不在于寻求刺激，而是贵在专注每天的日常体验。太忙，或者太兴奋刺激，内心便难以安定，心浮气躁。这可不太好。如果可能的话，试着保持平和愉悦的心境，远离会让你兴奋的事。通常情况下，日复一日，年复一年，我们会变得越来越忙，在现代世界尤为如此。过很久再回到熟悉的老地方，我们会惊讶于当地的巨大变化。这是必然的结果。但是，我们若对一些刺激的事或者自身的变化产生了兴趣，我们就会完全沉浸在忙碌的生活中，并就此迷失。然而，假如你内心平和，始终如一，那么即便你身处喧嚣的世界，也能独善其身。这世界纷纷扰扰，沧桑变化，但你的心将保持平静，心境也将四平八稳。

修禅不是寻求刺激。有些人只是出于好奇才开始修禅，结果只会让自己更忙。假如你在修行后过得还不如从前，那简直是荒天下之大谬。在我看来，一个礼拜坐禅一次，就已经够忙了。可以对禅感兴趣，但不要陷得太深。有些年轻人对修禅着迷，很兴奋激动，往往荒废学业，跑去深山老林里坐禅。这种兴趣不是真正的兴趣。

只要坚持在平静中进行日常修行，自会培养出不凡的品格。假如你心绪百结，那就没有时间培养性格，也不能有所成就，尤其是在你过度投入的时候。塑造性格就像做面包，必须按部就班，一点点地混合搅拌，火候也要适当才行。你很了解自己，知道什么样的火候适合自己。你很清楚自己需要什么。但如果你过于兴奋，就会忘记什么样的火候适合，将再也找不到方向。如此便会非常危险。

佛祖也说过同样的话。赶牛人很清楚牛能驮多少东西，他不会让牛驮载超出能力范围的东西。对你所走的路，所持的心态，你都了如指掌。不要超负荷！佛祖也说过，塑造性格就像建造大坝。修堤筑坝务必要付出十二万分的小心。妄图一蹴而就，只会造成堤毁坝塌。但若能谨慎以对，堤坝就会非常结实，一滴水也不会漏。

我们用平淡的方式修行，这可能显得非常消极。可事实并非如此。这是一种明智而有效的自我锻炼方式，还非常简单。我发现，这一点对人们，尤其是年轻人来说很难理解。另一方面，我说的这种方法，听起来很像循序渐进，徐徐图之。但也不是这样。事实上，这就是灵光一闪的顿悟法门，当你在平静与平淡中修行，日常生活本身就能让你开悟。

正确的努力

如果你的修行正好,便可能为此骄傲。你这么做本身没有问题,却多出了一些东西。多出来的是骄傲。正确的努力便是去掉多余的赘物。

在我们的修行中,最重要的一点是要做到正确的努力,付出完美的努力。朝着正确的方向,做出正确的努力,这是必不可少的。假如你的努力用错了方向,特别是你对此还无知无觉,那只能是自欺欺人。我们付出努力修行,应该从"追求成就"转变到"不图成就"。

通常情况下,人在做事的时候都希望能有所收获,会非常执着于结果。从"追求成就"转变到"不图成就",意味着不再一味追求结果,因为这种追求毫无必要,也不明智。如果你能抱着"不图成就"的精神去做事,就能将一种良好的品质融入进来。平平常常做事即可,不需要投入特别的努力。一旦你付出特别的努力去获得成就,就会将一些额外的品质和额外的元素融入其中。对于多余的东西,应该摆脱。如果修行正好,你会不知不觉地为此骄傲。这种骄傲便是多余的赘物。你这么做本身没有问题,却多出了一些东西。所以你应该摆脱掉那个多余的东西。这一点非常非常重要,但通常我们不够敏锐,意识不到这一点,于是便走错了方向。

我们所有人都在做同样的事情,犯同样的错误,所以才对此无知无觉。在不知不觉中,我们犯了很多错误。我们还给自己制造了很多问题。这种糟糕的努力被称为"修行缠身"。你深陷在修行的观念里,妄图达到一定的成就,难以自拔。一旦有两种思想挤入你的脑海,便意味着你的修行不干净纯粹。这里所说的干净并不是把东西擦得锃亮,使原本的不洁之物变得整洁。所谓干净纯粹,指的是事物本来的样子。多了,就不再纯粹。一元变二元,便不算纯洁。你一旦认为可以从坐禅中有所得,修行就不纯粹了。可以说修行能让人开悟,但我们不应该被这种说法所迷惑。不应该让它对你产生不好的影响。坐禅的时候,就只是坐禅。开悟了,便任其自然。不应该执着于追求成就。即使你意识不到,坐禅的真正品质也总是在那里,所以忘记你想从坐禅中有所得的想法吧。单纯地去坐禅即可。到时候,坐禅的品质自会显现,成为你的囊中之物。

人们会问，带着不求成就的心态去坐禅是什么意思？做到这样的修行需要付出怎样的努力？答案是：努力摆脱修行中多余的赘物。如果出现了多余的想法，就应该设法阻止，从而坚持纯粹的修行。这就是我们努力的方向。

我们说："听到一只手鼓掌的声音。"通常情况下，只有两只手拍在一起才会响，我们认为用一只手根本拍不响。但实际上，一只手也能拍响。你虽听不见，那声音却是真实存在的。用两只手拍手，确实可以听到声音。但如果声音不是在鼓掌之前就已然存在了，你就不可能发出声音。在你制造出声音之前，声音就已存在。因为有声音，你才可以发出声音，可以听到声音。声音无处不在。只要加以练习，就能制造出声音。不要尝试去听声音。假如你不刻意去听，那么声音则无处不在。如果你竖起耳朵听，声音只会时有时无。各位是否明白了？即使你什么都不做，坐禅的品质也始终都在。但如果你刻意去找，刻意去看那个品质，那么就将一无所获。

人活于世，是一个个体，但在你生而为人之前，你已经在那里了，一直都是存在的。我们一直在这里。各位是否明白？你以为自己在出生前是不存在的。但如果没有你，那么你又怎么可能出现在这个世界上？正是因为你已经存在了，才能出现在世界上。同样，不存在的东西也不可能消失。东西首先要存在才会消失。你可能认为你死后就消失了，不会继续存在。但即使你消失了，存在的东西也不可能化为乌有。这就是魔力所在。我们不能给这个世界施加任何魔法。世界有它自己的魔力。假如我们刻意去看某个东西，它就会从我们的视线中消失，但我们如果不刻意去看，它就不会消失。正是因为你在看它，它才会消失，但是如果没有人在看，它又怎么可能消失呢？如果有人看着你，你可以逃开，但如果没有人在看，你是无法逃离你自己的。

所以尽量不要看特别的东西，也尽量不要谋求什么特别的成就。你已经拥有了纯粹的品质，这就是拥有一切。如果你了解这个终极事实，那便可无所畏惧。当然，你可能会有一些困难，却不会受到恐惧的困扰。人们碰到了麻烦，却意识不到这个麻烦，那才是真正的大麻烦。他们表面看来信心满满，可能以为自己做出了很大的努力，在朝着正确的方向前进，但在不知不觉中，他们做任何事都是出于恐惧。对他们来说，有些东西可能会消失。但是，只要努力的方向是正确的，就无需害怕失去任何东西。即便方向错误，但只要你心里清明，也不会受到迷惑。没有什么可失去的。唯有正确修行所具有的纯粹品质，才是不变的。

不留痕迹

做事时应该全情投入,彻底燃烧自己,就像一堆好的篝火,不留下任何痕迹。

坐禅时,我们心绪平和纯粹。但通常情况下,我们的脑海里都思绪纷杂,心情混乱,很难把注意力集中在正在做的事情上。这是因为我们会三思而后行,而这样的思考一定会留下一些痕迹。某种先入为主的观念会让我们在做事时束手束脚。这种思考不仅会留下一些痕迹或阴影，还会让我们产生杂念，惦记其他的活动和事情。这些痕迹和观念使我们的思绪变得非常纷乱。带着非常纯粹和清晰的心境去做事，便不会产生复杂的想法，也不会受到任何影响，我们的行动才会坚定直接。在做事的时候，如果心绪复杂，总想着其他事、人或群体，我们的活动就会变得非常复杂。

在做一件事时，大多数人都会想着两件或三件事。有个说法是"一石砸二鸟"。通常情况下，这也是人们试图达到的目的。可妄图同时多抓几只鸟，只会很难把注意力集中在一件事上，最终很可能一只鸟都抓不到！这样的想法总会对我们的行动产生不好的影响。不好的并不是我们会这么想。在采取行动前，自然可以思考和准备，这往往是必不可少的。但正确的思考不会留下任何阴影。只有相对纷乱的大脑进行的思考，才会留下痕迹。相对思维，是指将自己与其他事物联系在一起，自己为自己增添桎梏。正是这个小"心"，让人产生了想要有所得的想法，并留下了它的痕迹。

如果思想在行动上留下了痕迹，你就会执着于这个痕迹不放。例如，你会说："这就是我所做的！"但事实并非如此。在你的记忆中，你可能说的是："我以某种方式做了某事。"但现实与此截然相反。一旦你以这种方式思考，就是限制了自己所做之事的真正体验。所以如果你满脑子想的都是自己做过什么，就将陷入自私的想法中。

我们常常认为自己的所作所为是好的，但事实可能不是这样的。上了年纪后，我们常常为自己所做的事感到骄傲。一个人骄傲地讲述自己所做的事，听他讲的人会觉得好笑，因为他们知道这个人的记忆是片面的。他们知道他告诉他们的事与他所做的事有出入。此外，如果他为自己所做的事感到骄傲，这种骄傲就会给他带来一些问题。经常做此回忆，他的性格就会越来越扭曲，最后，他一定会变得固执又令人讨厌。这是思想留下痕迹的例子。我们不应该忘记做过的事，但这些事应该不留多余的痕迹。留下痕迹和记住不可同日而语。有必要记住我们所做过的事，但我们不应该在某种特殊意义上对我们所做过的事产生执着。我们所说的"执着"，就是思想和活动所留下的痕迹。

要想不留任何痕迹，做事时便要全身心地投入其中，应该将注意力集中在所做的事上。要把事情做到尽善尽美，就要像一团热烈的好篝火。不可以像一团烟雾缭绕的火。你应该彻底燃烧自己。如果没有把自己燃烧殆尽，你的痕迹就会留在你所做的事情里。你的一部分没有烧尽，就会遗留下来。修禅就是燃烧殆尽，什么都不留，只剩下灰烬。这是我们修行的目标。这就是道元禅师所说的"灰烬不会再变成柴火"的意思。灰烬就是灰烬，彻彻底底，不掺杂别的东西。柴火也应该是柴火。当这种活动发生时，一个活动便涵盖了一切。

因此，我们的修行不是一两个小时，也不是一天或一年。你能投入全部身心去坐禅，那么即使只有片刻，也是做到了真正的坐禅。所以每时每刻你都应该全身心地投入修行中。开始做一件事后，不应有任何遗留。但这并不意味着要将其全部忘掉。如果你能理解这一点，所有多余的念头都将消失，人生中所有的难题也将迎刃而解。

修禅时，你与禅融为一体。不再有你，也不再有坐禅。叩拜之际，不再有佛，也不再有你。只有一次完整的叩拜发生。这就是涅槃。佛祖授业，只是拈花一笑。只有摩诃迦叶明白他的意思，其他人都如云里雾里。我们不知道这在历史上是否确有其事，但这确实别有深意。这说明了我们传统上的修行之道。有些活动包罗万象，才是真正的活动，这种活动的秘诀是

人们会问,

带着不求成就的心态
去坐禅是什么意思?

做到这样的修行需要付出
怎样的努力?

答案是：

努力摆脱修行中多余的赘物。
如果出现了多余的想法，
就应该设法阻止，
从而坚持纯粹的修行。

佛祖传给我们的。这是禅修，不是佛祖的教诲，也不是佛制定的生活规则。教诲和规则应该随着地点或遵循它们的人而改变，但修行的秘诀则万古不变，而且总是正确的。

所以对我们来说，活在这个世界上，并没有别的方式。我认为事实确实如此，很容易接受和理解，也很容易实践。如果你将这种修行的生活与这个世界或人类社会发生的事进行比较，就会发现佛祖留给我们的真理是多么宝贵。这个真理很简单，践行起来也很容易。但即便如此，我们也不应该忽视它，必须发现它的深刻价值。通常情况下，如果这个真理很简单，我们会说："啊，我知道！这很简单。所有人都知道。"但如果我们找不到它的价值，它就毫无意义。这无异于并不知道这个真理的存在。你越了解文化，就越会明白这种教诲是多么的真实和必要。不要对你的文化大加批评，你应该把身心都投入修习这个简单的方法中。然后社会和文化就会从你这里发展壮大。有些人对自己的文化过于执着,因而加以批判,这也没问题。他们的批判态度意味着他们正在回归佛祖留下的简单真理。但我们的方法只是专注于简单基本的修行和对生活的简单基本理解。我们的行动不应该留下任何痕迹。我们不应该执着于一些花哨的想法或美丽的事物。我们不应该追求美好的东西。真理总是近在咫尺,触手可及。

给予上帝的

"付出是无执",不执着于任何东西就是付出。

自然界的每一个存在,人类世界的每一个存在,我们创造的每一个文化作品,都是馈赠,或者说,这一切相对而言都是被给予我们的。但万物本来就为一体,我们实际上是在付出一切。每时每刻我们都在创造,这就是我们生活的乐趣。但是，这个不断创造和付出的"我"，并不是"小我"，而是"大我"。即使你意识不到这个"大我"与万物是一体的，当你付出的时候，你也会感觉很快乐，因为那时你感觉与你所付出的东西是一体的。因此，给予比索取感觉更好。

佛语有云"布施般若波罗蜜"。布施的意思是"付出"，般若代表"智慧"，而波罗蜜的意思是"跨越，或抵达彼岸"。可以把我们的一生看作是在渡河。我们一生努力的目标，就是到达彼岸，实现涅槃。"般若波罗蜜"，即人生真正的智慧，是在修行之道的每一步中都能到达彼岸。在渡河的每一步中都能到达彼岸，这才是真正的人生之道。"布施般若波罗蜜"是人生六道真道中的第一道。第二是"持戒般若波罗蜜"，也就是佛教戒律。此外还有"忍辱般若波罗蜜"、"精进般若波罗蜜"、"禅定般若波罗蜜"和"智慧般若波罗蜜"。事实上，这六个"般若波罗蜜"是一体的，但我们可以从不同的角度观察生命,便分为六度波罗蜜。

道元禅师有言:"付出即无执。"也就是说,只是做到不执着,就是在付出。至于付出的是什么,则不重要。布施一分钱或一片树叶是"布施般若波罗蜜",布施一句教诲,哪怕只是一个字,也是"布施般若波罗蜜"。若能以无执的心态去付出,那么布施财物则与布施教诲具有同样的价值。有了正确的心态,我们所做的一切,以及我们所创造的一切,就都是"布施般若波罗蜜"。所以道元禅师说:"制造东西,参与人类活动,也是布施般若波罗蜜。"为人们提供渡船,或为人们建造桥梁,是"布施般若波罗蜜"。实际上,给予一句教导,就与为他人制造一艘渡船差不多!

根据基督教的说法,自然界的每一个存在不是上帝为我们创造的,就是上帝赐予我们的。这充分说明了"付出"的概念。但是,如果你认为上帝创造了人类,而你在某种程度上与上帝有所区别,你就容易认为你有能力创造一些独立的东西,一些不是上帝赐予的东西,例如,我们建造出了飞机和公路。当我们重复"我创造,我创造,我创造"时,我们很快就忘记了谁才是真正创造各种事物的"我"。我们很快就忘记了上帝的存在。这就是人类文化的危险之处。实际上,从"大我"的角度去创造就是在付出。我们不能创造我们创造的东西并将其据为己有,因为一切都是上帝创造的,这一点不应该被忘记。但因为我们忘记了是谁在创造,忘记了创造的原因,我们就会执着于物质或交换价值。与上帝创造的绝对价值相比,这不具任何价值。即使某物对任何"小我"没有物质或相对价值,但它本身也有绝对价值。不执着于某物,就是觉知它的绝对价值。你所做的每件事都应该基于这样的觉知,而不是基于物质或以自我为中心的价值观念。那么无论你做什么,都是真正的布施,都是"布施般若波罗蜜"。

盘腿打坐之际，基本的创造活动便恢复了。创造有三种。首先是在坐禅结束后觉知自己。打坐时，我们什么都不是，甚至意识不到自己是什么，所剩的只是打坐而已。但是当我们站起来的时候，我们就在那里，继续存在！这是创造的第一步。当你存在的时候，其他的一切便也都存在。一切都是瞬间创造出来的。当我们从无到有，当一切都从无到有，我们把这看作是一次全新的创造。这就是无执。第二种创造是当你行动、制作或准备食物或茶之类的东西。第三种是你在内心创造一些东西，比如教育，文化，艺术，或者我们社会的一些系统。所以创造有三种。但如果你忘记了第一种，也就是最重要的一种，那么其他两种就会像失去父母的孩子一样，你所进行的创造也将毫无意义。

通常大家都会把坐禅忘到脑后。每个人都不把上帝记在心上。他们只顾着费尽力气去进行第二和第三种创造，但上帝不会帮我们进行这种活动。如果他连自己是谁都不知道,又怎么可能帮助我们呢?因而这个世界上才有这么多问题。一旦忘记了我们创造的根本源头,我们就像失去父母的孩子,不知道该怎么办。

只要了解了"布施般若波罗蜜",你就会明白,很多麻烦都是我们自找的。当然,活着就是制造问题。如果我们没有出现在这个世界上,就不会给我们的父母找那么多麻烦!我们光是存在于世,就是在给他们制造麻烦。这不要紧。每件事都会引发一些问题。但通常人们认为一死百了,问题也将随之消失。但即便是你死了,也会带来麻烦!事实上,我们有任何问题,都该在这一世解决或化解。但是,如果我们意识到自己所做的或所创造的都是"大我"的礼物,那么我们就不会执着于它,也就不会给自己或别人制造麻烦了。

日复一日,我们应该忘记自己所做的一切。这才是真正的无执。我们应该做些新的事情。当然,要做新事,就必须了解过去,这才是正途。但是,我们不应该继续执着于做过的任何事，只反思即可。但我们必须思考未来应该怎么做。但未来是未来，过去是过去。现在我们该做点新鲜事了。这是我们的态度，也是我们在这个世界上的立身之本。这就是"布施般若波罗蜜"，是付出，也是我们自己的创造。因此，彻底做一件事，就是恢复我们真正的创造活动。这就是我们打坐的原因。只要铭记这一点，不将其抛诸脑后，那么一切都会顺利进行。可一旦我们忘记了，这个世界就会变得乱七八糟。

修行中的谬误

若在修行中变得太过贪婪,便会气馁不已。所以,如果出现了迹象或警告信号,提示你在修行中有何弱点,那你应该心怀感激。

有些修行的方法很不好,各位应该了解。通常情况下,练习坐禅时,人会变得非常理想主义,给自己设定理想或目标，之后还会努力去达到和实现这些目标。但正如我经常说的，这是荒天下之大谬。只要变得理想化，便是有了得失心。实现了理想或目标之后，你的得失心就会创造出另一个理想。所以，只要你的修行是建立在得失心的基础上，以理想主义的方式坐禅，你就没有时间去真正实现理想。修行的精髓也将被牺牲掉。因为你的成就总是在前方，你总是会为了未来的理想而牺牲现在的自己。最终，你将一无所获。这很荒谬，根本不是适当的修行。但还有一种情况比这种理想主义的态度更糟糕，那就是为了与人一较高下而练习坐禅。这是一种拙劣的修行。

我们曹洞宗的修行之道强调的是"只管打坐"。实际上，我们所做的修行没有特别的名称。坐禅时，我们只管打坐，不管能否在修行中找到喜乐，我们都只管去做。即使我们困得眼皮打架，厌倦了打坐，厌倦了日复一日地重复同样的事，我们还是要继续修行。

不管有没有人鼓励，我们都只管去修行。

即便你独自坐禅，没有师父从旁指点，想来你也能找到方法判断你的修行是否适当。打坐累了，或者厌倦了修行，那么你就该意识到这是一个警示，表示你的修行太过理想化，才会让你气馁。你是带着得失心去修行的，所以你的修行不够纯粹。若在修行中变得太过贪婪，便会气馁不已。所以，如果出现了迹象或警告信号，提示你在修行中有何弱点，那你应该心怀感激。在这个时候，忘掉你所有的错误，重新开始修行之道，就可以恢复原本的修行。这是非常重要的一点。

所以，只要你继续修行，你就很安全，但坚持到底是一件很难的事，所以必须找到一些方法来鼓励自己。很难既鼓励自己又不陷入不良的修行，那么想要持之以恒地独自进行纯粹的修行简直难如登天。因此，我们才需要师父。与师父一起，修行中的不妥之处便可得到纠正。与师父相处自然不是易事，但即便如此，却可以一直远离谬误的修行。

大多数禅宗僧侣都觉得自己的师父很严厉，不好相处。听他们说起那段艰难的岁月，你会觉得自己没经历过那种困境，就修习不了坐禅。但事实并非如此。不管你是否在修行中遇到了困难，只要坚持下去，你就能拥有真正意义上的纯粹的修行。你即使意识不到，也将其握在了手里。道元禅师有言："不要以为你一定会觉知到自己开悟了。"不管是否意识到了，你都能在修行中拥有自己真正的开悟。

还有一个错误，那就是你修行是为了从中得到喜乐。实际上，假如你在修行中体会到了欢愉，那反倒出了问题。这自然称不上拙劣的修行，但比起真正的修行，却也谈不上十全十美。在小乘佛教中，修行分为四种方式。最好的是进行纯粹的修行，从中体会不到快乐，甚至没有精神上的喜悦。这种方法是一心只修行，将肉体和精神上的感觉都抛诸脑后，在修行中彻底将自己遗忘。这是第四阶段，或者说最高等级。次一级是在修行中只拥有肉体上的欢愉。在这个阶段，你会在修行中找到一些乐趣，也会因为这样的乐趣而去修行。在第三阶段，你得到了精神和肉体上的双重快乐，或者说，你产生了良好的感觉。这两个中间阶段是你修习坐禅的阶段，因为你在修行中感觉很好。最后一个阶段，你在修行中既不思考也不心生好奇。这四个阶段也适用于我们在大乘佛法的修持上，最高阶段就是一心只在修行上。

　　修行中的困难是在提醒你产生了谬误的想法，必须谨慎小心。但切不可就此放弃修行，要对自己的弱点了然于胸，并将修行坚持下去。如此，你就不会有得失心，不执着于有所成就。你不会说，"这是开悟"，或者"那是不正确的修行"。即使在错误的修行中，只要你意识到这一点并坚持下去，就会得到正确的修行。我们的修行不可能十全十美,但我们不要为此气馁,应该持之以恒。这就是修行的秘诀。

如果你想在沮丧中找到鼓励,那么厌倦修行本身就是一种鼓励。当你厌倦时,你会鼓励自己。当你不想修行时,警告信号就出现了。这就像牙齿出了问题就会牙痛一样。牙痛了就要去看牙医。这就是我们的修行之道。

之所以存在冲突,原因在于人有僵化的观念或片面的看法。假如所有人都了解纯粹修行的价值,我们的世界就不会有那么多冲突了。这是我们修行的秘诀,也是道元禅师的修行之道。道元在他的著作《正法眼藏》中详述了这一点。

如果你能明白僵化或片面的观念是引起冲突的根源,就可以在各种修行中找到意义,自身却不会受到任何影响。但若意识不到这一点,就会很容易被某种方式限制,你会说:"这就是开悟!这就是十全十美的修行。这就是我们的修行之道。其他的方式都谈不上完美。这是最好的方法。"这是大错特错的。真正的修行中并不存在特别的方法。你应该找到自己的路，应该了解自己现在用怎样的方式修行。了解一些特殊修行方式的优缺点，你就可以毫无危险地用那种特殊的方法进行修行。但如果你抱着片面的态度，就会忽视修行的缺点，只强调它的优点。最终，你会发现修行最糟糕的一面，并感到气馁，只可惜为时已晚。这是很愚蠢的做法。我们应该感谢古代的大师指出了这个错误。

为自身的活动设限

通常,当一个人信仰某种宗教时,他的态度就会变得越来越像一个尖角,指向远离自己的方向。而用我们的修行方式,角度则总是朝向我们自己。

我们的修行中没有特别的目的或目标,也没有特别的敬拜对象。在这方面,我们的修行与通常的宗教修行有些不同。中国禅宗大师赵州说过:"泥佛不度水,木佛不度火,金佛不度炉。"不管是什么,只要你的修行是针对某个特定的对象,比如泥佛、金佛或木佛,就不可能每次都奏效。只要你在修行中设立特定的目标,这种修行就不能给你完全的帮助。在你朝着这个目标前进的时候,修行可能会有所帮助,但当你恢复日常生活时,它就不起作用了。

你可能会想,修行若是没有目的,也没有目标,我们就不知道该怎么做。但有一个办法。要想不带目标修行,就要给自己的活动设限,或者专注于当下正在做的事。你应该限制自己的活动,而不是在脑海中有某个特定的目标。当你的思想在别处徘徊时,你就没有机会表达自己。但把自己的活动限制在当下能做的事情上,就能充分表达真实本性,这是普遍的佛性。这就是我们的修行之道。

坐禅时,我们将自己的活动限制在最小的范围内。

保持正确的姿势，专注于打坐，就是我们表达佛性的方式。然后我们成佛，并表现佛性。所以不要设定崇拜的对象，只专注于我们每时每刻所做的事。叩拜时便只叩拜，打坐时便只打坐，吃东西时便只吃东西。你这样做的话，佛性就会在那里。在日语中，我们称它为"一修定"，"定"代表专注，"一修"表示一次的修行。

想来，在这里打坐的一些人可能还信仰其他宗教，但我并不介意。我们的修行与一些特定的宗教信仰无关。各位也不必犹豫不决，不知道是否应该以我们的方式修行，因为它与基督教、神道教或印度教无关。我们的修行适用于所有人。通常，当一个人信仰某种宗教时，他的态度就会变得越来越像一个尖角，指向远离自己的方向。但是，我们的修行之道与此不同。用我们的修行方式，角度则总是朝向我们自己，而不是远离自己。所以没有必要担心佛教和你所信仰的宗教之间存在着差异。

赵州提出了不同佛的说法,针对的就是那些修行指向某个特定佛的人。一种佛不能彻底满足你的目的。有时你不得不把其抛开,至少也要当其不存在。但如果你明白我们修行的秘诀,那么无论你走到哪里,你自己就是"老板"。无论在什么情况下,你都不能忽视佛,因为你自己就是佛。只有这个佛能完全帮助你。

起风了,当我们听到松树的声音,也许只是风在吹,松树只是站在风中。这就是它们所做的事。

但是，人听到风拂树吟的声音，就会写诗，还可能体会到非同寻常的感觉。我想，世间万物皆为此道。

研究自己

对佛理有深刻的感受不是重点。我们只做应该做的事,比如吃晚饭和睡觉。这就是佛理。

研习佛法,目的不在于研习佛法,而是为了研究我们自己。不受教导,是不可能研究自己的。想知道水是什么,就需要走近科学,而科学家需要实验室。

在实验室里，有各种各样的方法来研究水是什么，如此才可能弄清楚水由哪些元素组成，它具有什么样的形式，性质如何。但即便如此，也不可能认识水本身是什么。我们也是一样。我们需要一些教导，但仅仅通过学习这些教导，我们不可能知道我们自身里的"我"是什么。通过教导，我们可以了解我们的人性。但教导不是我们自己，只是对我们自己所做的一些解释。你若执着于教导，或执着于师父，那就是犯了大错。遇到师父的那一刻，就要离开师父，应该保持独立。你需要师父，从而让自己变得独立。只要你不执着于他，师父自会为你指明通往自我的道路。你有师父是为你自己，而不是为师父。

中国古代禅师临济分析了四种教导弟子的方法。有时他谈到弟子，有时他谈到授业，有时他对弟子或授业进行解释，还有时他根本不给弟子任何指导。他知道，即使没有任何指导，弟子就是弟子。严格地说，没有必要教导弟子，因为弟子本身就是佛，即使他们可能意识不到这一点。如果他们觉知自己的本性，并执着于这种觉知，那就已经错了。他们意识不到这一点时，便是拥有一切，但是当他们意识到了，就会认为他们所意识到的就是自己，而这是一个很大的错误。

即便没有从师父那里听到任何教导，只是打坐，这也是没有教导的教导。但有时这是不够的，所以我们听讲座、讨论。我们应该记住，在一个特定的地方修行是为了研究自己。我们学习，从而独立。像科学家一样，我们必须有一些方法来进行研究。我们需要师父，因为我们不可能自己研究自己。但有个错不能犯：不该把从师父那里学到的东西用在自己身上。你和师父一起学习是你的日常生活，是你持之以恒的一项活动。从这个意义上说，修行和你在日常生活中的活动没有区别。因此，在禅道中找到生命的意义，就是找到你日常活动的意义。你练习坐禅，以弄清楚生命的意义。

我在日本永平寺的时候,每个人都做自己该做的事。这已经足够。这就和到了早晨该醒来的时候就起床一样。在永平寺,到了该打坐的时候,我们就打坐,到了该向佛祖叩拜的时候,我们就向佛祖叩拜。仅此而已。在修行中,我们没有特别的感觉。我们甚至不觉得自己过着僧侣生活。对我们来说,寺庙的生活是平常的生活,从城里来的人才是不寻常的人。看到他们,我们的感觉是:"啊,来了很多不寻常的人!"

但当我离开永平寺一段时间后再回去,一切都变得不一样了。听着各种修行的声音,有钟声,还有和尚念经的声音,我有了一种深刻的感觉。眼泪从我的眼睛、鼻子和嘴巴里流出来!只有寺外的人才能感受到寺内的氛围。那些在寺内修行的人实际上什么也感觉不到。我认为任何事都是如此。起风了,当我们听到松树的声音,也许只是风在吹,松树只是站在风中。

这就是它们所做的事。但是，人听到风拂树吟的声音，就会写诗，还可能体会到非同寻常的感觉。我想，世间万物皆为此道。

所以对佛理的感受并不是重点。无论是好的感受还是坏的感受，都不值一谈。重点是什么都不要紧，我们并不会介意。佛理没有好坏之分。我们在做应该做的事。这就是佛理。当然要有一些鼓励，这是必不可少的，但鼓励只是鼓励。这不是修行的真正目的，只是一剂良药。心情沮丧时，我们就需要良药了。心情好时，我们不需要药。你不应该把良药当成食物。有时确有必要服药，但不应该把药当食物来吃。

因此，在临济的四种方式中，最完美的一种是不去解读弟子，也不给他们任何鼓励。如果我们认为身体就是我们自己，那么教导可能就是我们的衣服。有时我们谈论衣服，还有时候，我们谈论身体。但是身体和衣服都不是我们自己。我们自己是大活动。我们只是在表达大活动的最小微粒，仅此而已。所以谈论我们自己倒也没问题，但实际上没有必要这样做。尚未开口，我们就已经在表达包括我们自己在内的大存在了。因此，谈论我们自己时，目的在于纠正我们执着于大活动任何特定的"色相"时所产生的误解。有必要谈谈我们的身体是什么，我们的活动是什么，这样才不会对它们有所误会。所以谈论自己，实际上就是忘记自己。

道元禅师说过："学习佛法就是研究我们自己。研究自己就是忘记自己。"当你变得执着于真实本性一时的表现时，就有必要谈论佛理了，否则你就会认为这种暂时的表现是真实本性。但是这个特殊的表达不是真实的本性。然而，它又确实是真实的本性！在一段时间内，它确实是真实的本性，不过只在一段最短的时间里是，但并非始终如此，下一刻，它就不是了，因此不能说它是真实的本性。有必要研习佛理，从而让你明白这个事实。但是学习佛法的目的是研究我们自己，忘记我们自己。忘记了自己，我们实际上便是大存在的真正活动，或者是真理本身。一旦我们明白了这个事实，世上便不再有任何烦恼，我们可以享受生活，不再有任何烦心事。我们修行的目的就是要意识到这个事实。

擦亮瓷砖

当你变成你自己,禅就变成禅。当你是你的时候,你看到的是事物的本来面目,你与周围的环境融为一体。

你在知道自己每时每刻都在做什么之前,很难理解禅宗故事。但只要你确切地知道自己每时每刻都在做什么，就再也不会觉得禅宗故事难理解了。禅宗故事有很多。我经常讲一个关于青蛙的故事，每次都能逗笑大家。青蛙很有趣，它们的坐姿也和我们一样。但它们并不认为自己在做什么特别的事。你去禅堂打坐，可能会认为自己在做的事很特别。你的丈夫或妻子在呼呼大睡，你却在坐禅！你正在做一些特别的事，而你的配偶却很懒！这可能就是你对坐禅的理解。但想想青蛙吧。青蛙坐着，就和我们打坐一样，但它们并不知道什么是坐禅。看看它们吧。如果有什么事惹它们生气，它们就会做鬼脸。要是有食物自己送上门，它们就会用舌头卷了吞下去，而且，它们是坐着吃的。其实我们的坐禅就是如此，没什么特别之处。

现在来讲一个和青蛙差不多的禅宗故事。马祖是一位著名的禅师，师承六祖惠能的弟子南岳怀让。马祖跟随南岳怀让修习，有一天，他正在打坐，练习坐禅。他体格魁梧，说话时舌头能碰到鼻子，声如洪钟，他的坐禅肯定极为出色。南岳怀让看见他打坐，像一座大山，也像一只青蛙。南岳怀让问："你在干什么？""打坐。"马祖回答道。"你为什么要练习坐禅？""想开悟，想成佛。"弟子如是回答。你们知道师父是怎么做的吗？他拿起一块瓷砖，开始擦瓷砖。在日本，瓷砖出窑后会进行抛光处理，这样瓷砖就会变得漂亮美观。于是南岳怀让拿起一块瓷砖擦了起来。他的弟子马祖问道："你在做什么？""我想让这块瓷砖变成宝石。"南岳怀让说。"怎么可能把瓷砖变成宝石？"马祖问道。"那怎么可能通过坐禅成佛呢？"南岳怀让答道。"你不是想成佛吗？佛性只在你的平常心里。马车不走了，你是抽打车还是马？"师父问。

南岳怀让的意思是，无论做什么都是坐禅。真正的坐禅不拘于是躺在床上还是在禅堂里打坐。你的丈夫或妻子在床上，那也是坐禅。如果你的想法是"我在这里打坐，而我的配偶在床上"，那么即使你盘腿在这里打坐，也算不上真正的坐禅。你应该永远像青蛙一般。这才是真正的坐禅。

道元禅师曾如此评价这个禅宗故事："什么时候马祖变成了马祖，禅就变成了禅。"当马祖变成了马祖，他的坐禅就变成了真正的坐禅，禅也变成了禅。那什么是真正的坐禅？当你成为你自己的时候！当你是你，那么无论你做什么，都是坐禅。即使你躺在床上，你可能大部分时间都不是你。即使你在禅堂里打坐，我也不知道你是不是真正意义上的你。

现在再来说一个著名的禅宗故事。山冈是一位禅师，他总是自言自语。"山冈？"他这样喊自己的名字。然后回答："在！""山冈？""在！"然而，他独自一人住在小禅堂里，当然知道自己是谁，但有时也会迷失自我。每当他迷失自我，就会对自己说："山冈？""在！"

如果我们和青蛙一样，那我们永远都会是自己。

但即使是青蛙，有时也会迷失自我，还会愁眉苦脸。有食物自己送上门来，青蛙会把它们卷进嘴里吃掉。因此，我认为青蛙总是在跟自己说话。我认为你也应该这样做。即使在坐禅中，你也会迷失自我。昏昏欲睡，或者思绪走神，那就是迷失了自我。你的腿开始疼，而你自问"为什么我的腿那么痛？"，那么你就是失去了自我。因为你失去了自我，你的问题将成为你的问题。如果你没有迷失自我，那么即使你面对困难，其实也没有任何问题。你只要在问题之中打坐，当你成为问题的一部分，或者当问题成为你的一部分，那就没有问题了，因为你就是问题本身。问题就是你。如果是这样，那就没有问题了。

当你的生活始终是周围环境的一部分，换句话说，当你被召唤回到你本身，回到当下，那就没有问题了。当你开始徘徊在某种与你自己无关的错觉中时，环境就不再真实了，你的心灵也不再真实了。如果你被迷惑了，那么你的环境也如堕雾中，成为幻想错觉。一旦你陷入妄想之中，妄想就会无穷无尽。一个又一个虚幻的想法会将你团团围住。大多数人都生活在妄想中，深陷在自己的问题中，试图解决问题。但生活实际上就是生活在问题中。要解决问题，就要成为问题的一部分，与它融为一体。

那么，你应该抽打哪一个，是车还是马？你会抽打哪一个，是你自己还是问题？如果你对应该抽打哪个产生了疑问，那就意味着你已经开始徘徊。但你去抽打马，车就会走起来。事实上，车和马并没有什么不同。只要你是你，那么该打车还是该打马就不再是问题。只要你是你，坐禅就成为真正的坐禅。所以当你练习坐禅时，你的问题也会练习坐禅，其他的一切也会练习坐禅。即使你的配偶躺在床上，只要你在练习坐禅，他们也在练习坐禅！但如果你所练习的不是真正的坐禅，你的配偶，还有你自己，就将完全不同，完全分开。只要你本人在进行真正的修行，那么与此同时，其他的一切也都在按照我们的禅道修行。

正是出于这个原因，我们才应该经常和自己说话，审视自己，就像医生给自己做检查一样。这一点非常重要。这种修行应该时时刻刻、持续不断地进行下去。我们常说："黑夜来了，黎明就不远了。"这表示黎明和黑夜密切相接，没有间隔。夏天还没结束，秋天就来了。我们应该通过这种方式来认识生活。我们应该用这种认识来修行，用这种方式来解决问题。实际上，只要你全心全意地去做，解决这个问题就足够了。你应该把瓷砖擦亮，这是我们的修行。修行的目的不是要把瓷砖变成宝石。要持之以恒地打坐，这才是真正意义上的修行。能不能成佛，能不能把瓷砖变成宝石，都无关紧要。带着这样的认识在这个世界上工作和生活，才是最重要的一点。这是我们的修行。这才是真正的坐禅。所以我们说："当你吃的时候，就只管吃！"

你应该把现有的东西都吃了，但有时你并没有真正在吃。即使你在吃东西，思想却在别处。食物在嘴里，你却尝不出是何滋味。只要吃的时候能真正去吃，就一切顺遂，就无需担心。因为这意味着你就是你自己。

当你是你的时候，你看到的是事物的本来面目，你与周围的环境融为一体。这就是你真实的自我。你就拥有了真正的修行，拥有了青蛙的修行。青蛙为我们的修行树立了很好的榜样。当青蛙变成青蛙，禅就变成禅。你彻底了解了青蛙，就是开悟了，那你就是佛，丈夫、妻子、儿子或女儿，你也能给别人带来好处。这是坐禅！

持之以恒

谁人能悟透空,便可以一直用恒心来化解问题。

今天我带来的信息是"培养你自己的精神"。它的意思是不要去追寻自己之外的东西。这是非常重要的一点,也是修行禅宗的唯一道路。当然,研习经典、诵经、打坐都是禅,这些活动都应该是禅。但是,如果你的努力或修行并非朝着正确的方向，那根本起不到任何作用。而且，它不仅不会起作用，还会破坏你的纯粹本性。那么你对禅了解得越多，受到破坏的程度就越深。你的思想也会被玷污。

我们通常会从各种来源收集信息，以这种方式思考，增进见识。实际上，按照这种方式，我们最终将一无所知。我们对佛理的认识，不应该只是收集许多信息，寻求增进知识。不要收集知识，而是应该让心灵变得清明。只要心灵清明，那么真正的知识已经是你的了。当你以纯粹、清明的心聆听我们的教导时，你就能接受它，就好像你听到的是你已经知道的事。这叫空性，或者说是全能自我，也可以说是无所不知。当你什么都知道，你就像一片漆黑的天空。有时，一道闪电划过漆黑的夜空。闪电过后，你就把它忘得一干二净，只剩下一片漆黑的天空。纵使霹雳突现，天空也从不感到惊讶。闪电光芒闪烁，看起来确实奇妙。

只要我们能保持空性,便可随时准备看闪光乍现。

在中国,庐山的雾中奇景闻名遐迩。我还没有去过中国,但那里一定矗立着很多壮美的名山大川。山上云雾缭绕,那景色定然瑰丽不凡。尽管景色秀丽,中国有一首诗却是这样说的:"庐山烟雨浙江潮,未至千般恨不消。到得还来别无事,庐山烟雨浙江潮。"虽然没什么新奇,却还是壮阔绝美。这就是我们欣赏事物的方式。

所以,在接受知识的时候,应该把所听到的当成已经知道的东西。但这并不意味着你接受各种各样的信息,仅仅将其作为你自己观点的回响。也就是说,无论是看到什么,还是听到什么,你都不应该感到惊讶。如果你只把接受的事物当成是自己的回声,那你就没有真正看到它们,没有完全接受它们的本来面目。因此,当我们说"庐山烟雨浙江潮"时,并不是说我们用记忆中的风景来与庐山的风景做对比:"也没有多么奇妙,这样的山景我也见过不少。"或者:"我画过的画比这漂亮多了!庐山一点也不美!"这不是我们的修行之道。你若欣然接受事物的本来面目,就会像老朋友一样接受它们,即便你是带着全新的感觉去欣赏的。

我们不应该囤积知识,而应该从知识中解脱出来。你收集各种各样的知识,作为知识的集合,这或许很好,但这不是我们的修行之道。不应该拿着我们奇妙的宝藏去叫别人惊讶。我们不应该对特殊的东西感兴趣。如果你想充分欣赏一件事,那就应该忘记自己。你接受事物,应该像闪电在漆黑的天空中闪烁一样。

有时我们觉得不可能理解陌生的东西,但事实上,对我们而言没什么是不熟悉的。有些人可能会说:"文化背景的差距太大了,几乎不可能理解佛理。我们要怎么才能理解东方的思想?"佛理自然不能脱离其所在的文化背景,这是事实。但一个日本佛教徒来到美国,他就不再是日本人了。我现在生活在你们的文化背景中。你吃什么,我就吃什么,用你们的语言和你交流。即使你不完全了解我,但我愿意了解你。而且,我可能比任何能说英语、能听懂英语的人都更了解你。这是事实。即使我对英语一窍不通,我认为我也可以与人交流。只要我们存在于全黑的天空中,只要我们生活在空性中,就有可能互相理解。

我常常说到一点,那就是一定要非常有耐性,才能了解佛理,但我一直在寻找一个比耐性更适合的词。日语里的"忍"通常翻译成"耐性",但说是"持之以恒"更为合适。你必须强迫自己,才能做到有耐性,但不需要特别的努力就能做到"持之以恒",只要有能力始终接受事物的本来面目即可。对于不知空性为何的人来说,表面看来,这种能力像是耐性,但耐性实际上可能代表你"并不接受"。即使只是凭直觉,了解空性的人,也总是有可能接受事物的本来面目。他们能欣赏一切。无论做什么事,即使很困难,他们也总能坚持不懈地解决问题。

通过忍，我们培养自己的精神。通过忍，我们持之以恒地进行修行。我们应该永远生活在黑暗空荡的天空中。天空永远是天空。即使乌云密布，电闪雷鸣，天空也不受干扰。即使开悟的闪光划过，我们的修行也会彻底将其遗忘，并准备好迎接下一次开悟。我们有必要一次接一次地开悟，如果可能的话，要一刻接一刻地开悟。这就是所谓的开悟，既在你开悟之前，也在你开悟之后。

沟通

不要刻意用花哨的方式调整,自由地表达真实的自己才是最重要的。

沟通在禅修中发挥着举足轻重的作用。我的英语还不太流利,所以我一直在想办法和你们交流。我认为这种努力会产生很好的结果。我们说,如果听不懂师父的话,就不适合做师父的弟子。要听明白师父的话,或者说听明白师父的语言,就要理解师父本人。你理解了师父,就会发现他的语言不仅仅是普通的语言,是更广泛意义上的语言。通过师父的语言,你了解到的东西比他实际所说的要多得多。

我们开口讲话,总会涉及主观意图或情境,因而不存在完美的话语,我们所说的话中总会有失真的情况出现。但是,通过师父的陈述,我们了解了客观事实,了解了终极事实。我们所说的终极事实,并不是指某种永恒不变的东西,而是指每一刻的事物的本来面目。你可以称之为"存在"或"实相"。

把实相理解为一种直接的体验,是我们坐禅的原因,也是我们学习佛理的原因。通过学习佛理,你将了解你的人性、智能,以及你所做活动中的真理。在尝试了解实相的时候,你可以把你的人性考虑进去。但只有通过真正的禅修,你才能直接体验现实,真正理解师父或佛祖所作的发言。从严格意义上说,不可能谈论实相。然而,身为禅宗弟子,你必须直接通过师父的话来理解实相。

除了口头表达,师父的行为也是在表达他自己。在禅宗中,我们很强调举止或行为。我们所说的行为并不是指你应该采取特定的方式做事,而是应该自然地表达自己。我们重视直率。你应该忠于自己的感情和心灵,毫无保留地表达自己。这有助于听者更容易地理解你。

倾听别人之际,你应该放弃自身所有先入为主的想法和主观的意见,应该只听对方说,只观察他的行事方式。不可看重对与错或好与坏。我们只是和他一起看到事情的本来面目,并接受它们。这就是我们彼此交流的方式。通常情况下,你听到了别人说的话,会将其当作你自己的一种回声。那么你实际上是在听你自己的意见。如果它与你的观点一致,你就将接受,但如果不一致，你会否定，甚至都没有真正听进去。这便是听别人说话的一个危险所在。还有一个危险，那就是你会被别人的话蛊惑。如果你不能真正理解师父的话，就很容易被自己的主观意见左右，也可能被这些话的特定表达方式所左右。你只会把他的话当作一种陈述，而不理解其背后的精髓。这种危险很常见。

父母和孩子之间很难进行有效的沟通，因为父母总是有自己的打算。他们的想法基本上都是好的，但是，他们说话的方式，或者他们表达自己的方式，往往不那么自由，通常还过于片面、不现实。我们每个人都有表达自己的方式，很难根据环境来改变这种方式。如果父母能够根据不同的情况用不同的方式表达自己，那么对子女的教育就不存在任何风险了。但这很难做到。即使禅师也有自己的表达方式。西有禅师责备弟子时，总是说："走开！"他的一个弟子把他的话当真，离开了寺庙！可师父并不是想把弟子赶走。这只是他表达自己的方式而已。他没有说:"当心!"反而说:"走开!"如果你的父母就有这种习惯,那很容易让人产生误解。在日常生活中,这种危险是很常见的。因此,作为听者或弟子,有必要将各种失真的念头从心中清除出去。假如心里装满了先入为主的想法、主观的意图或习惯,是无法接受事物的本来面目的。正因如此,我们才要坐禅,才要清除头脑中与其他事物有关的东西。

既要对自己很自然,又要以最恰当的方式弄懂别人所说所做的含义,是一件相当困难的事。如果我们刻意以某种方式调整自己,那就失去了自然。如果你试图以某种方式调整自己,便是迷失了自我。所以,不要刻意用花哨的方式调整,自由地表达真实的自己才是最重要的。这能让自己快乐,也能让别人快乐。通过坐禅,你就能获得这种能力。禅不是什么花哨奇特的生活艺术。我们的教导就是永远生活在真正的现实中。每时每刻都在努力,这就是我们的修行之道。确切地说,我们一生中唯一可以研究的是我们每时每刻所做的事。我们甚至不能研究佛的话。要研究佛祖所言的确切意义,就要通过你每时每刻面对的一些活动。因此,我们应该全神贯注于自己所做的事,无论主观上还是客观上,我们都应该忠于自己,尤其是忠于自己的感受。即使你感觉不太好,也应该表达出真实的感受,最好不带任何执着或意图。所以你可以说:"啊,对不起,我感觉不舒服。"这就够了。你不应该说:"是你逼我说的!"毕竟这样的说法太过分。你可以说:"很抱歉。我很生你的气。"生气的时候没必要说不生气。你应该说:"我很生气。"这就够了。

真正的沟通取决于彼此坦诚。禅师们都会直言不讳。你不能通过师父的话直接理解实相,那就要挨他几棍了。"怎么回事?!"他可能会这么问。我们的修行之道相当直接。但这并不是真正的禅,也不是传统的方式，但在表达的时候，我们会发现有时用这种方式表达比较容易。但最好的沟通方式也许只是打坐，什么也不说。这样你就能充分体会到禅的意义。即便我用棍子打你，打到我发癫发狂，或者把你打死，仍然是不够的。最好的办法就是只管打坐。

不要刻意用花哨的方式调整，
自由地表达真实的自己
才是最重要的。

这能让自己快乐,
也能让别人快乐。

消极和积极

大心是用来表达的,而不是用来理解的。大心是你拥有的,而不是你去寻求的。

你越了解我们的想法,就越觉得很难谈论它。我在这里讲话,是为了让你了解我们的修行之道,但实际上,光说是不行的,一定要付诸实践。最好的方法就是什么也不说，只管修行。我们在谈论修行之道时，很容易让人产生一些误解，因为真正的修行之道向来至少有两个方面，一个是消极的，另一个是积极的。谈论消极的一面时，就会忽略积极的一面；谈论积极的一面，又会错过消极的一面。我们不能同时谈论积极和消极这两面，因此不知道该说什么。几乎不可能谈论佛理。所以什么也不说，只管修行，是最好的方法。伸出一根手指或画一个圆圈，或者只是叩拜，都是修行之道。

只要明白了这一点，我们就会明白如何谈论佛理，沟通就会变得十分顺畅。谈论是一种修行，听别人谈论也是一种修行。坐禅时，我们只坐禅，不带任何得失心。谈论某事时，我们只是谈论某事，谈起积极或消极的一面，不要试图表达智能上片面的想法。我们倾听，而不是试图找出一些智能上的理解，不是试图从片面的观点来理解。这就是我们谈论所受教诲和聆听讲佛的方式。

曹洞宗的方式总是有双重含义，分为积极和消极。我们的修行之道既是小乘也是大乘。我总是说，我们的修行在很大程度上是偏向于小乘的。实际上，我们有小乘修行和大乘精神，即严格秉持修行形式，心灵则灵活开放。我们的修行看起来流于形式，心灵则要不拘泥于形式。我们每天早上都以同样的方式坐禅，但仅仅出于这个原因，不能说这是形式化的修行。是否为形式化，取决于你是否生出了分辩心。修行本身并没有形式与否之分。你有大乘之心，人们称为形式的东西可能就是非形式的。所以我们说，以小乘的方式守戒律，就是以大乘的方式违反戒律。如果你只是形式上遵守戒律，就失去了大乘精神。在理解这一点之前，你总会有一个问题：是应该严格遵守我们的修行之道，还是应该不限于形式？但如果你完全理解了我们的修行之道，就不会再有这样的困扰，因为你所做的一切都是修行。只要你有大乘的心,就没有大乘修行和小乘修行之分。你看起来好像违反了戒律,但实际上你是遵守了真正意义上的戒律。关键在于你有的是大心还是小心。简而言之,当你做每件事都不去想它是好是坏,当你用全部身心去做某件事时,那就是在践行我们的修行之道。

道元禅师有言:"你说了一些话,别人可能不赞同,切勿从智能上让他理解。不要和他争论。只管听他的反对意见,直到他自己发现问题。"他的话非常有意思。不要把你的想法强加给别人,要和他一起思考。即使你觉得自己在讨论中获胜了,这样的态度也是错的。不要非在讨论中胜他人一头,只是聆听即可。但故意输掉也是错误的。通常说话时,我们往往会宣扬我们的教导或强迫对方接受我们的想法。但是在禅宗弟子之间,说或听并没有特别的目的。有时我们倾听,有时我们交谈,仅此而已。这就像在问候别人"早上好!"。

通过这种交流，我们可以发展我们的修行之道。

什么都不说可能很好，但没有理由一直保持沉默。无论你做什么，甚至什么也不做，那都是在修行。这是大心的一种表现。所以大心是用来表达的，而不是用来理解的。大心是你本身就拥有的，而不是你去寻求的。大心是可以谈论的，可以通过活动来表达，也是可以享受的。如果我们这样做，那持戒方式就没有小乘或大乘之分。只有当你试图通过形式严格的修行而有所得时，它才会给你造成问题。但是，如果我们把遇到的问题都看作是大心的表达，它就不再是问题了。有时我们的问题在于大心非常复杂，有时候，大心又太过简单，根本无从理解。这也是大心。但是，由于你试图弄清楚它是什么，由于你想简化复杂的大心，这便成了你的问题。所以生活中是否有问题，取决于你的态度，以及你的理解。真理具有双重或矛盾的本质，只要你有大乘之心，理解起来就不会有问题。只有真正的坐禅才能获得这种心态。

涅槃与瀑布

生与死是同一回事。明白这个事实后,我们便不再惧怕死亡,也不再害怕人生中的实际困难。

去参观日本永平寺,在进入寺院前,会看到一座叫"半勺桥"的小桥。每当道元禅师从河里取水时,他都只留半勺,把剩下的水再倒回河里,不会把水浪费掉。这座桥便因此得名。在永平寺,我们洗脸时,只在脸盆装 70% 的水。洗完脸,我们不会把水泼掉,而是把水倒在身边,表达对水的尊重。这么做并不是为了节约用水。也许很难理解道元为什么把超过半舀的水倒回河里。这种做法超出了我们的理解范围。可只要我们感受到河流的美丽,并与河水融为一体,我们就会发自本能地以道元的方式去做。这样做是我们的本性。但如果你只想着节省,只想着效率,真实本性便被这样的想法所掩盖,那么道元的方式就没有意义了。

我去过约塞米蒂国家公园,见识到了巨大的瀑布。最高的一道瀑布高达 1340 英尺,飞流倾泻而下,就像从山顶落下的幕帘。看起来水不像你以为的那样飞快地向下流,由于距离较远,水似是非常缓慢地向下流的。而且,水不是成一股流下,而是分为了很多条细小的水流。从远处看,水流就如同一道幕帘。我想,从这么高的山顶上落下,对每一滴水而言一定都是非常艰难的经历。要经过很长时间,水最终才会抵达瀑布的底部。在我看来,我们人类的生活可能就是这样。人之一生,困难挑战何其多。但同时,我又想,水本来并不是分开的,而是一条河。只有在水流分开,向下流的时候才会出现问题。当水是一条完整的河流时,它没有任何感觉。但当水分为无数的水滴时,它才开始有感觉,或者开始表达感觉。当我们看到一整条河时,我们感觉不到水的生命活动,但当我们把一部分水舀进了勺子,就能体会到水的感觉,也能感受到使用水的人的价值。以这种方式感受我们自己和水,我们就不会只把水当成一种没有生命的东西来使用。在我们看来,它成了活物。

我们在出生前是没有感觉的,我们与宇宙是一体的。这就是所谓的"唯心"、"本心"和"大心"。

出生后，我们从一体宇宙中分离出来，就像受到风吹或岩石阻挡，水滴随着瀑布落下时分离出来一样，我们有了感觉。你有困难，是因为你有感觉。你执着于你所拥有的感觉，却不知道这种感觉是如何产生的。你意识不到自己与河流或宇宙是一体的，心里就会产生恐惧。不管是否分离成单独的水滴，水就是水。生与死是同一回事。明白这个事实后，我们便不再惧怕死亡，也不再害怕人生中的实际困难。

当水滴回归原初，与河流融为一体，它就不再有任何个体的感觉，它恢复了自己的本性，找到了平静。水滴回到了原来的河流，该是多么愉悦！如果是这样，那我们死的时候会有什么感觉？我想那时我们就像勺子里的水。我们将获得平静，而且是完美的平和。但目前看来，这种平和有些太过完美了，因为我们太执着于自己的感觉，执着于个人的存在。对我们来说，我们现在对死亡还是有些惧怕的，但当本真恢复后，涅槃就会出现。所以我们才会说,"涅槃即灭"。"灭"这种说法并不十分恰当。"继续"或"加入"更为合适。你会给死亡找个更好的表达吗?等你找到的时候,便对生命拥有了全新的诠释。我看到大瀑布里的水时,拥有的就是这样的体验。想象一下!瀑布有1340英尺高!

我们说"万物源于空"。一整条河是空,一整颗心也是空。有了这样的认知,我们就找到了生命的真谛。有了这样的认知,我们就能看到人生的美好。在认识到这个事实之前,我们所看到的一切都只是幻觉。有时我们高估了美,有时我们低估或忽略了美,因为我们的小心与现实不一致。

这说起来很容易,但要真正去感受,就不那么容易了。但坐禅修行可以培养这种感觉。通过打坐,全身心地投入,让身心合一并置于宇宙心识的控制之下,你就能很容易地达到这种正见。你的日常生活将焕然一新,你也将不再执着于从前对生活的错误理解。当你意识到这个事实时,你就会发现自己以前的解读毫无意义,你一直以来所做的努力毫无一用。你将发现生命的真谛,即使从瀑布顶端坠落山脚的一路上困难重重,你也能在生活中甘之如饴。

对佛法不能仅仅从理性上去理解。
对佛法真正的理解在于实际的修行。

第三部分

正见

传统的禅的精神

试图开悟就会产生业力,你将受其驱动,禅修不过是在浪费时间。

修行中最重要的就是身体姿势和呼吸。我们对佛法的深刻理解并不是那么关心。佛教作为一种哲学,具有非常深奥、宽广和牢固的思想体系。然而,坐禅并非进行哲学思考，我们看重的是修行。我们要理解身体姿势和呼吸练习为什么至关重要。比起深刻地理解教义，我们更需要对教义，也就是我们本来就有佛性这一点有坚定的信心。我们的修行正是基于这种信心。

在达摩祖师到中国之前，几乎所有的禅宗常用词汇都已被人们使用，比如"顿悟"这个词。"顿悟"不是一个准确的翻译，不过，我暂时还是会使用这个词语。顿悟指的是开悟突如其来地降临，这是真正的开悟。在达摩祖师之前，人们认为经过长时间的准备就会达到顿悟，而真正的禅修就是为了获得开悟。事实上，今天很多人有这样的想法。但这不是对禅修的传统理解。佛祖传给我们这个时代的认知是，只要开始坐禅，即使没有任何准备也会达到开悟。无论你是否修禅，你都具有佛性。正因如此，你在修行中自会开悟。重点不在于达到某种境界，而是对我们的本性和修行的虔诚有坚定的信念。我们要像佛祖一样虔心修行。如果我们本自具有佛性，那么修禅就是因为我们必须像佛一样生活。对禅修之道的传承就是对佛祖精神的传承。因此，我们要用传统的方式使我们的精神、身体姿势和行为达到和谐。当然，你也许会达到某种特别的境界，但修行的精神不应当建立在利己主义的观念之上。

根据对佛法的传统理解，人的本性是无我的。没有"我"的概念，我们就会以佛的眼光看待人生。自我观念是一种妄念，会掩盖我们的佛性。但我们总是在制造，并遵循自我的概念，这个过程周而复始，使我们的生活完全被自我为中心的想法所占据，这就是业力。佛的生活是没有业力的。修行的目的就是切断业力编造的思维。试图开悟也是业力的一部分。你在制造业力并受其驱动，禅修不过是在浪费时间。在达摩祖师看来，带有得失心的修行都是在重复业力。后来的许多禅师罔顾这一点,强调要通过修行达到某种境界。

比起达到某种境界,更重要的是虔诚和努力。正确的努力必须基于对传统修行的正见。理解这一点,你就会明白保持正确的姿势是何等重要。而不理解这一点,你就会把姿势和呼吸视为达到开悟的手段。如果持有这种态度,那与其盘腿打坐不如去嗑药!如果修行只是为了开悟,那你就不可能真正开悟!因为这样失去了禅修的意义。如果对自己的修行之道有着坚定的信念,那我们早已开悟。相信自己的修行之道,就会获得开悟。如果你不相信此刻自己的修行具有意义,那么一切都是徒劳,你只不过是带着"猴心"[1]徘徊在目标附近而已。你总是在寻找,却没有意识到自己到底在干什么。想看见就要睁开眼睛。如果不理解

---

1 佛教中称不受控制的思想为"猴心"。——译者注

达摩祖师的禅道，你就是在闭着眼睛找东西。我们并不轻视开悟，只是最重要的是当下，而不是未来的某一天。我们要在当下付出努力，这是修行中最重要的一点。

在达摩祖师之前，对佛法教义的研究已经形成一套高深的佛教哲学，人们试图实现其崇高的理念，但这是不对的。达摩祖师认为，创造一个高深的理念并试图通过禅修实现这一理念是错误的。带着这样的目的坐禅，那坐禅就与我们的日常行为或者说猴心无异。虽然这样的行为看起来很好，非常崇高和神圣，但它就是猴心。这正是达摩祖师所强调的。

佛祖在开悟前替我们做了各种可能的尝试，并最终对各种各样的修行有了彻底的了解。或许，你们认为佛祖已经摆脱了业力的束缚，但事实并非如此。佛祖讲了很多他得道后的经历，他与我们并无什么不同。当他的国家和邻国发生战争时，他告诉弟子他受到了业力的困扰，为自己的国家即将被邻国的国王打败而痛苦。如果开悟后就不再受业力羁绊，那他没有理由为此痛苦。佛祖在开悟后仍然像我们一样在继续努力修行。但他对人生的看法不会动摇，稳如磐石。他观察众生的生活，包括他自己的。他用同样的视角观察自己和他人，以及石头、植物等一切事物，他对万事万物有了科学的理解。这就是佛祖开悟后的生活方式。

如果我们秉持佛法的传统精神，遵循事物的本质，不带自我观念地修行，我们就会真正地达到开悟。理解了这一点，我们就可以在每时每刻尽自己最大的努力，这就是对佛法的真正理解。因此，对佛法不能仅仅从智能上理解。我们的理解同时也是佛法自身的表达，是修行。不能通过阅读或者思考哲理，只有通过真正的修行，我们才能理解佛法。我们要不断地坐禅，对真我怀有强烈的信心，打破业力轮回的枷锁，实现真正的修行。

无常

我们应当透过不完美的存在寻找完美的存在。

佛法的基本教义是关于无常或者变化的。万事万物都在变化,这是一切存在的基本真理。没人可以否认这一点,它凝聚了佛法的所有教义,是给所有人的教义。无论我们走到哪里,这一教义都是真理。我们可以将其理解成关于无我的教义。因为一切存在都在不断变化,因此没有不变的自我。事实上,每一种存在的自性不是别的,就是变化,这是所有存在的自性。每一种存在都没有特殊的、独立的自性。因此,这也是关于涅槃的教义。理解了"万事万物都在变化"这一永恒的真理,并从中获得沉着的力量,我们就会发现自己已臻涅槃。

不能接受一切都在变化,我们就无法从容镇定。不幸的是,尽管这的确是真理,但我们却难以接受。接受不了无常,我们就会痛苦。因此,痛苦的根源正是我们对这一真理的排斥。关于痛苦根源的教义和万物皆在变化的教义是一枚硬币的两面。从主观上来说,无常是造成我们痛苦的缘由。而从客观上来说,这一教义指的就是万物皆在变化这一根本事实。道元禅师曾说:"没有强迫你接受某些东西的教义不是真正的教义。"教义本身是真理,它本身不会将任何东西强加给我们，但由于人类的禀性，在接受教义时，我们会感到它是被强加给我们的。无论我们有什么样的感觉，真理就是真理。如果世上没有了众生，这个真理就不会存在。佛法正是因为每个独特的存在而存在的。

我们应当透过不完美的存在寻找完美的存在。我们要从不完美中找到完美。对修行人来说，尽善尽美也是不完美。永恒之所以存在，是因为非永恒的存在。佛教认为，想要获得世上不存在的事物，是不符合佛法的。我们不寻求自身以外的事物。我们应当通过磨难和痛苦领悟这个世界的真相，这就是佛法的基本教义。苦即乐，好即坏，恶即善，善即恶。它们不过是一体两面。因此，开悟就存在于修行中。这就是对修行和人生的正见。苦中寻乐只是接受无常的唯一途径。不懂得如何接受这一真理就无法在世上存活。即使你试图逃脱，那也无济于事。如果你认为有别的方法可以接受万物皆在变化这一永恒的真理，那只是你的痴心妄想。这就是如何在世上生存的教义。无论你的感受如何,你必须接受这一点。你要为此做出努力。

因此,我们要努力去接受这一真理,直到我们变得足够坚强,可以对苦难像对快乐一样甘之如饴。事实上,如果你足够诚实、坦率,要接受它并非难事。你只需稍微改变一下自己思维的方式,尽管这并不容易,但不会总是那么困难。改变有时很难,但有时又没那么难。如果你正在受苦,那万物皆在变化这一教义会带给你慰藉。如果你遇到了麻烦,那接受起来就会容易得多。所以,为什么其他时候不接受它呢?其实都是一回事。有时,你可能会嘲笑自己,发现自己是多么自私。无论你对这一教义有何感受,改变自己的思维方式接受无常都是非常重要的。

存在的特质

在做某件事时,带着信念专注地去做,你的心态所具有的特质就体现在了你的行动中。专注于自我存在的特质,就为这件事做好了准备。

坐禅的目的在于获得自身存在,即肉体和精神上的自由。在道元禅师看来,万物都是照入浩瀚无垠的现象世界的一束光。每一种存在都是其自身特质的一种表现。我常常在清晨看到许多星星，这些星星不过是以飞快的速度从遥远的天体发来的光。但在我的眼里，它们不是飞速运动的物体，而是平静、稳定、祥和的存在。我们说："静中有动，动中有静。"事实上，动静是一回事，"静"和"动"不过是对同一事物的两种不同解释。行动有其和谐之处，而和谐就会产生静。这种和谐就是事物存在的特质，不过这种特质也不外乎快速运动。

　　静坐时我们感到非常平静和安详，但实际上我们并不知道自己的内在正在发生什么样的运动。我们的身体系统处于完全和谐的运动之中，所以我们感到平静。即使我们感觉不到，特质依然存在。因此对于我们来说，没有必要为平静和活跃，停止和运动而困扰。在做某件事时，带着信念专注地去做，你的心态所具有的特质就体现在了你的行动中。专注于自我存在的特质，就为这件事做好了准备。运动就是我们存在的特质。修禅时，我们打坐所具有的平静、稳定、沉着的特质就是我们自身存在的无限运动所具有的特质。"万物都是照入浩瀚无垠的现象世界的一束光"意味着我们的行动和存在是自由的。只有以正确的方式打坐，带着正确的理解，你才能获得自身存在的自由，哪怕你的存在是短暂的。在这一刻，短暂的存在既不会变化也不会运动，总是独立于其他存在。而在下一刻，又会有其他的存在出现，我们也许会变化成其他的事物。严格地说，昨天的我和此刻的我并没有联系，一切都没有关系。道元禅师说："木炭不会变成灰烬。"灰烬就是灰烬，不是木炭。灰烬有自身的过去与未来，它们是独立的存在，因为它们是照入浩瀚无垠的现象世界的一束光。木炭和炽热的火也是完全不同的存在。黑色的木炭也是照入浩瀚无垠的现象世界的一束光，它不是炽热的木炭，所以独立于后者而存在。灰烬独立于木柴，每一种存在都是独立的。

我今天在洛斯拉图斯打坐，明天会到旧金山打坐。洛斯拉图斯的我和旧金山的我并没有关系，他们是完全不同的存在。这样，我们就获得了存在的自由。你我之间也没有可以联系起彼此的特质，当我说"你"时，并没有所谓的"我"，而当我说"我"时，也没有所谓的"你"。你我都是独立的，各自存在于不同的时刻。但这并不意味着我们是完全不同的存在。我们其实是一体的。我们既相同，又不同。虽然看似矛盾，但事实就是这样。因为我们都是独立的存在，都是一束照入浩瀚无垠的现象世界的完整的光。我打坐时，心里没有其他人，但这并不意味着我忽视了你的存在，我与现象世界的每一个存在都完全是一体的。所以，我打坐便是你打坐，万物都在与我打坐。这就是坐禅。打坐时，万物都在与你打坐。万物共同构成了你的特质。我也是你的一部分，你存在的特质中也有我的存在。

因此，在修行中，我们可以完全脱离其他的一切事物。理解了这个秘密，你就会发现禅修和日常生活没什么不同。你可以按自己的意愿诠释一切。

一幅美妙的画是将手指感觉表达出来的结果。如果你感受到了笔尖上墨汁的浓度，那在你动笔之前画作就已经完成。当你用笔尖蘸取墨汁时，你就已经知道自己会画出怎样的画面，否则你将无法作画。行动之前，事情就已经有了结果。看上去你在安静地坐着，但你所有过去和现在的行动都已包含在内，打坐的结果早已确定。你完全没有静止，所有的活动都存在于你的身上，这就是你的存在。因此，修行的结果已经包含在你的打坐之中，这就是修行，这就是禅道。

小时候，看到亡母尸身旁燃烧的香所散发的烟，使道元禅师开始对佛教产生兴趣，他感受到了生命的消逝。这种感觉在他心中滋长，最终使他达到开悟，并发展出一套深层的哲学。香烟袅袅让他感到生命的短暂和孤独。这种孤独的感觉越来越强烈，最终在他二十八岁时使他达到了开悟。道元禅师在开悟时说："无身亦无心！"这一刻，他的存在就变成了照入浩瀚的现象世界的一束光。这束光包含万物，普照一切，拥有无穷无尽的特质，整个现象世界均被纳入其中，这束光成为绝对独立的存在。这就是开悟。起初，他为生命的短暂而感到孤独。后来，他强烈地体验到了自己存在的特质。他说："我放下了身心。"当你认为自己具有身心时，才会感到孤单。如果你意识到万物不过是照入浩瀚宇宙的一束光，你就会变得无比坚强，你的存在也会变得非常有意义。这就是道元禅师的开悟，也是我们的修行之道。

打坐时,
万物都在与你
打坐。

万物
共同构成了
你的特质。

顺应自然

每时每刻,众生皆由空而生,每时每刻,我们都能欢喜安乐。

人们对顺应自然有很大的误解。大多数来修行的人都相信人应该顺应某种自由或者自然,但我们称他们的这种自然为"外道的自然"。这种自然认为没有必要拘泥于形式，是一种"放任自流"，或者敷衍了事的态度。这是大多数人心目中对自然的看法，但这不是修行人所说的自然。这很难解释，不过我认为自然是指独立于其他一切事物的感觉，或者是基于虚无的某种行为。产生自虚无的东西就是自然，就像一粒种子或者一棵植物生长于土壤中一样。种子不知道自己要长成某种植物，但它具有自身的形态，并与土壤和周围的环境完全和谐与共。随着成长，它总有一天会表达出自己的本性。无色无形的东西并不存在，任何事物都有其形状与颜色，而这些都与其他事物和谐共存，没有矛盾，这就是我们所说的自然。

顺应自然于植物或者石头而言不是问题，但对我们却不容易，事实上还是一个很大的问题。我们必须努力才能做到顺应自然。当你所做的一切都来自虚无，你就会有一种全新的感觉。比如，饿了吃东西是很自然的事情，你会感到很自然。但如果你的要求过高，不满足于饱腹，那吃东西就不再自然，你不会有全新的感觉，也品尝不出食物的滋味。

真正的坐禅就是像渴了要喝水一样，这样你才会变得自然。困了想小憩是很自然的事情，但如果因为懒而睡觉，把打盹视为人类的特权，那就不是自然。你认为："我所有的朋友都在午睡，为什么我不可以？其他人都不工作，为什么我要这么辛苦？他们那么有钱，为什么我没有？"这些都不是自然。你受到了其他人想法的干扰，你并不独立，不再是你自己，不再自然。哪怕你盘腿而坐，那样的打坐也是不自然的，不是真正的修行。口渴时，无须强迫自己喝水，你就会自愿去喝。如果打坐能让你得到真正的快乐，那就是真正的坐禅。即便必须勉强才会坐禅，但只要修行的感觉很好，那也是修禅。实际上，是否强迫自己并不重要。即使在坐禅时有些困难，但你仍然想要打坐，你就会变得自然。

这种自然很难解释清楚，但如果你可以坐下来，从自己的修行中体会到真实的虚无，你就会明白。如果你做的一切都来自虚无，那它就是自然的，是本真的活动。你将从中体会到修行和生命的真正喜乐。每时每刻，众生皆由空而生，每时每刻，我们都能欢喜安乐。因此，禅修之人说"真空妙有"，意思是万物皆来自真正的虚空。

没有虚空就没有自然，没有真实的存在。每时每刻，真实的存在皆由空而生。虚空永存，万物由之而生。但通常人们总是忘记虚空，行为做事仿佛自己拥有些什么。如果你所做的一切都基于某些所属观念或者有形的观念，那么这不是顺应自然。例如，你在听讲座时不应该带有自己的任何观点。你不应该带着自己的观点去听别人说话。忘记自己的观点，认真聆听别人。不带成见就是顺应自然，这样你才能理解别人的话。如果你总在拿自己的观点衡量对方，你就不会得到全面的信息，你的理解将是片面的，这不是自然。当你做某件事时，应当完全地参与进去，将自己的身心全部投入其中，这样你就会达到空的境界。由此可知，如果你在行动时没有做到真正的空性，那就不是顺应自然。

大多数人总有某种执念。现在的年轻一代总在谈论爱。爱！爱！爱！他们的大脑中充满了爱！当他们学禅时，如果我所说的不符合他们心中对爱的想法，他们就不会接受。他们相当固执，会叫你大吃一惊！当然不是所有人都这样，但有些人的态度非常强硬。这完全背离了自然。就算他们在谈论爱、自由，或者自然，他们也根本不懂其义为何。以这样的态度，他们是无法理解禅的。想要学禅就要忘记自己的先见，只是修行，看看自己会有怎样的体会，这才是顺应自然。

无论做什么都要持有这种态度。有时，我们说"柔软心"，即柔软灵活的心，指顺畅而自然的心态。有了这样的心态，你就会得到喜乐。而失去这种心态，你将失去一切，一无所有。尽管你认为自己拥有某些东西，但实际上你一无所有。然而，当你的所作所为皆来自虚空，那么你将拥有一切，明白了吗？这就是佛法所说的自然。

虚空

学佛需净心。

想要学佛就要放下所有的成见。首先,你要放弃实体或者存在的观念。通常,人们的人生观都牢牢地植根于存在的观念之上。对大多数人来说,一切事物都是存在的,他们的所闻所见都是存在的。当然,我们所看到的小鸟，听到的鸟叫声是存在的。鸟的确存在，但我说的存在和你们说的存在不一样。佛教认为生命既存在也不存在，因此，鸟既存在也不存在。在修佛之人看来，建立于存在之上的人生观是外道。如果你把事物看得太重，认为它们真实或者永久存在，那你就不是佛家弟子。大多数人可能都不是佛家弟子。

我们说真实的存在源于虚空，还归于虚空。源于虚空的才是真实的存在，我们必须穿过虚空之门。这种存在的理念很难讲清楚。今天有很多人至少在理智上，开始感受到现代世界的空虚，或者自身文化中的自我矛盾。而过去，以日本人为例，他们对自己的文化和传统生活方式会永久存在怀有坚定的信心。不过，战败后，他们开始变得对此非常怀疑。有人认为这种怀疑很糟糕，可实际上这要比过去的态度好得多。

只要我们对未来有明确的想法或者希望，我们就不是真正活在当下。你可能会说："我可以明天或者明年再做这件事。"你认为今天的这件事明天还会存在。即使没有做到十分的努力，但你仍然相信只要沿着某条既定的道路向前，你所期望的事情就会发生。但没有哪条路会永远存在，不存在一条已经为我们设定好的道路。我们每时每刻都要寻找自己的道路。某些完美的理念，或者完美的道路是由别人设定好的，并不适合我们。

我们每个人都要走属于自己的真正的道路，这条路将体现宇宙的运行方式。虽然有些神秘，但当你彻底明白一件事后，你就会明白一切。而当你试图理解所有事物时，你将一无所知。最好的方式是先理解自己，然后你就会理解万事万物。因此，努力地开拓自己的道路就是在帮助他人，而他人也会帮助你。在找到自己的道路前你帮不了任何人，也没有任何人能帮得了你。做到真正意义上的独立，每时每刻都要忘记自己头脑当中已有的一切想法，寻求全新的、不同的事物。

这就是我们生活在这个世界上的方式。

所以，我们说真知源于空性。学佛需净心，你要去掉一切杂物，来一次彻底的大扫除。需要的话，你可以再将一切物归原位。你也许想保留很多东西，你可以将它们一件件地放回。但如果不需要的话，就不必再保留了。

我们看见飞鸟。有时，我们看见飞鸟的痕迹。可实际上，我们看不到飞鸟的痕迹，但有时我们认为自己看到了，这也很好。需要的时候，我们可以将搬走的东西再搬回来。但在搬回来一些之前，我们要先拿出去一些。否则，你的房间就会堆满破旧无用的垃圾。

我们说："渐渐地，我让小溪的流水声停了下来。"溯溪而行，你会听到潺潺的流水声。这个声音连续不断，但是在你想让这个声音停下来时，你必须能够做到让它停下来。这就是自由，这就是定力。在你的心中，无数的念头一个又一个闪过，但当你想要停止思考时就要能够停下来。所以，能够停下小溪的流水声，就能享受自己当下正在做的事情。但只要持有某些固定的观念，或者受习惯驱使，你就无法真正地享受生活。

寻求自由，你将无功而返。在得到绝对的自由前，你必须做到绝对的自由，这就是修行。我们的道路并不总是朝着一个方向，它有时向东，有时向西。向西一里就意味着向东一里。通常，你向东走一里，就意味着向西的反方向走了一里。但如果可以做到向东一里，就是向西一里，那就是自由。没有这种自由，你是无法专注于当下所做的事情的。你也许认为自己在专注于某事，可在达到这种自由前，你做事情时就会有不安定的因素。因为你受限于向东还是向西的观念，你的行为就是二元对立的。只要你是二元对立的，你就无法获得绝对的自由，无法专注。

专注并非努力地盯着某件事物。如果坐禅时你试图盯着一点，不到五分钟你就会感到累。这不是专注，专注意味着自由。因此，你无需努力做什么，也不必关注任何事物。修禅时应当专注于自己的呼吸，但将注意力放在呼吸上是为了忘记自我，单纯地打坐，感受自己的呼吸。专注呼吸就会忘记自己，而忘记自己就能专注呼吸。我不知道哪个在先，哪个在后。所以事实上，你不需要太过于专注呼吸，只要尽可能专注即可。坚持这样的修行，你将体会到真实的存在源于虚空。

准备与正念

准备好心就是智慧。

《心经》中最重要的一点当然是空性的概念。在理解空性的概念之前,一切对我们来说似乎在实质上都是存在的。但当我们明白了事物的空性之后,一切都变得真实,但不是实质的。明白了看到的一切都是虚空的一部分，我们就不会执着于任何的存在，我们会意识到万物只不过是短暂存在的色相。如此，我们便会认识到每一个短暂存在的真正内涵。第一次听到万物皆是短暂的存在，大多数人都会感到失望，但这种失望来自对人和自然的错误看法。正是因为我们观察事物的方式深深植根于以自我为中心的观念，我们才会感到失望。但当我们真正领悟了这一真相，我们就不会再感到痛苦。

《心经》说："观自在菩萨，行深般若波罗蜜多时，照见五蕴皆空，度一切苦厄。"菩萨并非在领悟到一切皆空后才从痛苦中解脱出来，而是领悟这一真相本身就是解脱。因此，领悟空性就是救赎。我们说"去领悟"，但对空性的领悟其实总是触手可及的。我们不是在坐禅后才领悟，在坐禅前，领悟就已经存在了。我们不是在理解这一真相后才能达到开悟，领悟到一切皆空就是要活在（或者存在于）当下。所以，是否理解或者修行并不重要。一切皆空是终极事实。佛祖在这部经书中指出的是我们时刻都要面对的终极事实。这一点非常重要,这就是达摩祖师的禅道。即使在修行之前,开悟就已经存在。我们通常总是认为禅修和开悟是两件不同的事情:禅修就像一副眼镜,修行好像戴上了眼镜,然后才能看到开悟。这是错误的看法。眼镜本身就是开悟,戴上眼镜也是开悟。无论你做什么,即使什么都不做,开悟一直都是可能的。这就是达摩祖师对开悟的理解。

刻意的修行不是真正的修禅。不刻意的修行才可能开悟,才是真正的修行。刻意修行会制造出"你""我"等固定的观念,并对修行或者坐禅产生某种特定的概念。这样会导致你和坐禅被分割开来,你在一边,而坐禅在另一边。如果将你和修行结合起来才是坐禅,那就是青蛙的坐禅。对青蛙来说,坐才是坐禅,跳就不是坐禅。一旦真的明白了虚空即万有,这类误解就会解除。整体不等于部分之和，无法被分割。整体存在于当下，时刻在运转。明白了这一点就是开悟。因此，不存在特定的修行。《心经》说：无眼、无耳、无鼻、无舌、无身亦无心……此处的"无心"就是禅心，无所不包。

我们在理解事物时，重要的是有一个流畅的、自由思考的观察方式。我们在思考和观察时不要停滞不前，我们应当毫无困难地接受事物的本来面目。我们的心要足够柔软、开放，以便理解事物的本质。柔和的思维是冷静的思维，这样的思维总是很稳定，被称为"正念"。分散的思维不是真正的思考。我们在思考时应当专注，这就是正念。无论你是否有一个思考的对象，你的心都应当稳定而不分散，这就是坐禅。

不必努力用一种特定的方式思考。思考不应该片面，我们要全心全意地思考，毫不费力地看到事物的本来面目。禅修就是去看，并且集中全部的注意力做好看见事物的准备。做好思考的准备,思考就无需费力,这就是正念。正念就是智慧。说到智慧,我们不是指特定的才能或者哲学思想。准备好心就是智慧。因此,智慧可以是各种不同的哲学、教义、研究和学问。不过,我们不应该执着于某种特定的智慧,例如佛祖的教诲。智慧不是用来学习的。智慧来自正念。所以,重点在于做好观察事物和思考的准备。这就是心的空性。而空性就是禅修。

相信一切皆空

我们日常的思考中有百分之九十九都是以自我为中心的："我为什么会痛苦？我为什么会遇到麻烦？"

我发现相信一切皆空是绝对有必要的。也就是说，我们必须相信存在于所有有形有色之物出现之前的某些无形无色之物。这一点非常重要。无论信仰什么样的神或教义，只要有所坚持，你的信仰就多少是基于自我中心的观念的。为了救赎自我，你努力做到完全信仰。但达到完全信仰是需要时间的。你会陷入理想化的修行之中。你不断试图去实现自己的理想，没有时间让自己沉静。然而，如果你总是可以将我们看到的一切视作由无到有，懂得现象世界及种种色相的存在都是有原因的，那这一刻你将变得无比沉静。

头疼总有一定的原因，如果知道原因，你会舒服一些。但如果不知道为什么头疼，你也许会说："头疼死了！也许是我修行得不够好。要是我在冥想或者修禅时做得再好一点的话，就不会难受了！"以这样的方式理解疾病，除非你能达到完美的境界，否则你无法完全相信自己或者自己的修行。你会忙于努力，就不会有时间获得完美的修行，这样你可能就会一直头痛！这样的修行实在愚蠢，没有用处。不过，要是你相信有一些事情在你头疼之前就已经存在,并且你知道自己头痛的原因,你自然会感到好过一些。头疼没关系,那说明你足够健康,还会头疼。如果你胃疼,那说明你的胃足够健康,你才会胃疼。但如果你的胃已经习惯了不健康的状态,那你就不会再胃疼了,那可就糟糕了!你将因胃病走到人生的尽头。

所以,相信一切皆空对任何人都是非常必要的。但这里的空指的不是空无一物,而是虚空中存在事物随时准备变化成一定的形状,其运动遵循某种规则、理论或者真理。当这种存在被人格化后,我们称之为佛。当我们将其作为终极真理去理解时,我们称之为佛法。当我们接受这一真理并作为佛的化身,或者根据这一佛理行事时,我们称自己为僧伽[1]。尽管佛有三身[2],但他仍

---

1 梵语的译音,意思是大众,后指单个的和尚,简称为僧。——译者注

2 指佛有法身、报身和应身三种佛身。——译者注

然是无色无形的存在，随时准备变化成有形有色之物。这不仅仅是一种理论，也不仅仅是佛法的教义，这是对生命绝对必要的理解。没有这样的认知，信仰对你也无所裨益。我们反而会受限于自己的信仰，遇到更多的麻烦。如果你们成为佛教的受害者，这也许会让我高兴，但你们自己却不会开心。因此，有这样的认知无比重要。

坐禅时，你可能听到过黑暗中屋檐落下的雨滴声。稍后，美丽的薄雾将弥漫于林间。再晚些时候，人们开始工作，会看到美丽的山峦。然而，有些人清早在床上听到雨声时会感到很恼火，因为他们不知道之后他们会看到美丽的太阳从东方升起。如果我们专注在自己身上，就会有这样的烦恼。但如果我们把自己视为真理或者佛性的化身，我们就不会再感到烦恼。我们会想："此刻下雨了，但不知道下一刻会发生什么。出门的时候可能是晴天，也可能是暴风雨。既然不知道会怎样，不如欣赏此刻的雨声吧。"这样的态度就是正确的心态。

把自己视为真理暂时的化身，你就不会再遇到任何困难。即使身处困难之中，你也会欣赏周围的一切，以及作为佛祖伟大活动精彩部分的自己。这就是佛家的生活之道。

用佛教术语来说，我们应该悟后起修，然后再思考。通常，人们思考总是非常以自我为中心。我们日常的思考中有百分之九十九都是以自我为中心的："我为什么会痛苦？我为什么会遇到麻烦？"这类想法占据了人们绝大部分的日常思考。例如，当我们开始研究科学或者读一部深奥的经书时，我们很快就会犯困，变得昏昏欲睡。而当我们沉浸在自我为中心的思考当中时，却总是非常清醒和投入。然而，如果在思考和修行之前先开悟，你的想法和修行就不会再围绕自己。开悟意味着相信一切皆空，相信某种无色无形，但随时准备呈现形态的东西。开悟是不变的真理，构成了行为、思维和修行的基础，是它们的本源真理。

此刻下雨了,但不知道下一刻会发生什么。出门的时候可能是晴天,也可能是暴风雨。

既然不知道会怎样，不如欣赏此刻的雨声吧。

执与不执

执着于美也是佛的行为。

道元禅师说:"虽是午夜,黎明将至。虽是黎明,午夜将至。"这句话中所表达的感悟由佛祖传给祖师,再由祖师传至道元禅师,最终传给了我们。夜与日并无分别,它们本是一回事,有时被称为夜晚,有时又被称为白天。夜与日是一回事。

禅修与日常生活也是一回事。我们说，坐禅就是日常生活，日常生活就是坐禅。然而，我们却常常会想："坐禅结束了，我要回到日常生活中了。"这不是正见。坐禅和日常生活是一回事，我们无处可躲。所以，动中应有静，而静中应有动。动静并无分别。

每一种存在都依赖于其他的存在。严格地说，世上没有单独的个体存在，只不过是同一种存在有许多不同的名称。有时，人们强调一体性，但这不是佛家的见解。我们不会专门强调任何一点，哪怕是一体性。一体固然可贵，但多元也非常美妙。人们有时会忽视事物的多样性，强调唯一绝对的存在，这是片面的。在这样的见解中，一体和多元之间存在着鸿沟。但一体和多元是一回事，我们应当欣赏每一种存在中的一体性。这就是为什么我们要看重日常生活多于某种特别的精神境界。我们要在每一刻和每一种现象中找到真相。这是非常重要的。

道元禅师说:"虽然万物皆有佛性,但我们爱花,却不爱野草。"这是真实的人性。但执着于美本身是佛的行为,不喜欢野草也是佛的行为,我们应该明白这一点。懂得了这一点,有所执着也是没有关系的。佛的执着就是无执。所以,爱中应有恨,即无执。而恨中应有爱,即接受。爱恨是一体的。我们不应该仅仅执着于爱,还应当接受恨。我们应当接受野草,不管我们是否喜欢它们。如果你不喜欢,那便不要喜欢,如果你爱,那么便去爱。

你常常责怪自己对周围的一切不够公平,总是抱有拒绝的态度。尽管看上去一样,但通常人们说的接纳和佛教所说的接纳之间有着微妙的差别。佛教告诉我们夜与日,你与我并无差别,这就是一体性。但我们不强调一体性。如果是一体的,那就无需强调。

道元禅师说:"学习是为了了解自己,研究佛法就是研究自己。"学习不是为了获取你之前不知道的知识，那些知识你在学之前就已经知道了。知道这些知识前后的你并无差别。无知与智慧并无差别。愚人就是智者，智者就是愚人。但人们通常会想："他很蠢，我很聪明。"或者："以前的我太蠢了，现在的我变聪明了。"如果我们是愚蠢的，又怎么会聪明呢？然而，佛祖传给我们的教义告诉我们，愚人和智者没有任何区别。的确如此。可如果我这样说，人们会认为我在强调一体性。并非如此。佛教不强调任何事情。我们只是想了解事物的本质。如果我们了解事物的本来面目，那就没什么需要强调的，我们也无法领悟任何东西，因为没有什么需要领悟。我们不能强调任何事情。不过，正如道元禅师所说："我们爱花，花还是会凋谢，我们不爱草，草仍然会生长。"即便如此，这就是人生。

  我们应当这样去理解自己的人生，那样就不会有什么问题了。正是因为我们看重某些事情，我们才总是遇到麻烦。我们要接受事物本身，这就是我们理解万物和活在世上的方式。这样的体会超越了思维。在思维的领域中，统一和多样性是有区别的。但从实际的经验来看，多样性与统一是一回事。人们制造出统一和多样性的概念，并为其所困。他们不停地思考，尽管实际上根本不需要思考。

我们有许多情感上的问题，但实际上这些问题并不存在，它们是被创造出来的，是自我为中心的想法和观念让我们注意到这些问题的。我们注意什么，什么就有问题。然而实际上，我们不可能特别地去注意什么，因为乐即是苦，苦即是乐，困难中有欢乐，欢乐中也有困难。即使我们的感受不同，那也不是真的不同，本质上是一样的。这就是佛祖传给我们的正见。

静

于禅宗弟子而言,杂草也是宝物。

有禅诗云:"风停见花落,鸟鸣觉山静。"在静寂之中,只有某些事情发生了,我们才能体会到静。只有当内心发生变化时,我们才能找到内心的安静。有句日本谚语说:"有云见月,有花见风。"当月亮被一朵云、一棵树或者一根野草挡住时，我们才会发现月亮有多圆。如果见到没有任何遮挡的月亮，因为没有其他物体的衬托，我们是意识不到月亮有多圆的。

坐禅时，我们完全沉浸于内心的安静，感受不到任何东西，只是坐着。但打坐时的平静会在日常生活中给予你支持。所以，事实上你会在日常生活中，而不是打坐时发现禅的价值。但这并不意味着你可以忽略坐禅。即使打坐时没有任何感觉，但如果没有坐禅的体验，那你在日常生活中什么也发现不了，你只会看到杂草、树或者云，而不会看到月亮。这就是为什么你总在抱怨。但于禅宗弟子而言，在大多数人看来一文不值的杂草也是一件宝物。秉持这种心态，无论你做什么，生活都会变成艺术。

修禅时不要试图有所收获，要内心完全平静地打坐，不依赖任何事物。坐直身体，不要歪斜或者靠在其他物体上。坐直身体就意味着不依赖其他物体。如此一来，你的身体和精神都将获得完全的平静。坐禅时有所依靠或者试图做些什么都是二元对立的，不是完全的平静。

我们在日常生活中总是在努力做改变或者追求些什么。这种努力本身就体现了我们的真性，意义就在于努力本身。在有所收获之前我们应该先找到努力的意义。所以，道元禅师说："我们应当在开悟前先做到开悟。"不是在达到开悟后才会发现开悟的真正含义。努力本身就是开悟。当我们遇到困难或者苦恼时，开悟就在其中。遇到烦恼，我们应当保持镇静。我们常常觉得在短暂的生命中生活非常艰难，但只有在短暂的生命中我们才能找到永生的喜悦。

带着这样的感悟继续修行，你就会得到提升。没有这样的感悟，即使你再努力，也无法做到正确修行。你在为目标奋斗的过程中迷失了自己，你将一无所获，只能继续在困境中受苦。但是，只要有正见，你就会取得进步。无论你做什么,即使做得不够完美,也是基于你内心深处的本性,慢慢地你就会有所达成。

哪一个更重要,是开悟,还是在开悟前获得开悟?是先挣到一百万美元,还是在努力中享受生活,一点一点地积累,即使可能挣不到一百万美元?是获得成功,还是找到努力获得成功的意义?如果你不知道答案,你就无法修禅。如果你知道,那说明你找到了真正的生命宝藏。

是体验,而非哲学

在不知道佛教究竟是什么的情况下,谈论佛教作为哲学或者教义是如何完美,这是一种亵渎。

这个国家有很多人对佛教感兴趣,但没有人对其纯粹的形式感兴趣。大多数人喜欢研究佛教的教义,或者哲学。相比其他宗教,他们认为佛教在理性上更令人信服。然而，佛教在哲学上是否深刻、完善或者完美，都是无关紧要的。以纯粹的形式进行修行才是我们的目的。有时我感到，在不知道佛教究竟是什么的情况下，谈论佛教作为哲学或者教义是如何完美，这是一种亵渎。

在群体中进行禅修对于佛教、对于我们来说都是最重要的，因为这样的修行就是生活原本的方式。不懂得事物的本源，我们就无法享受努力生活的结果。我们的努力一定是有意义的。找到努力的意义就是找到努力的根本缘由。我们不应该专注于努力的结果甚于努力的根源。如果我们努力的缘由既不清晰也不纯粹，那我们的努力就谈不上纯粹，其结果也难以尽如人意。当我们找回自己原始的本性，并在这个基础之上坚持不懈，我们就会感激自己日复一日、年复一年所做的努力。这才是我们享受生活的方式。那些只关心努力结果的人是没有机会享受生活的，因为他们期望的结果永远都不会实现。但是，如果你的努力时刻都有其纯粹的缘由，那你的所作所为都是好的，无论你做什么，你都会感到满意。

禅修可以让我们恢复纯粹的生活方式，没有得失心，不在乎名利。修行可以让我们保持真实的本性。没有必要对我们纯粹的原始本性作理性的分析，因为它超出了理性理解的范畴。也没有必要对其欣赏，因为它不是用来欣赏的。你只需打坐，没有得失心，带着最纯粹的目的，和最初的本性一样保持沉默，这就是修行。

在禅堂中无需幻想，只要打坐即可。和大家交流后，我们回到家中，恢复日常的生活，并将其视为对纯粹的修行的延续，享受真正的生活方式。然而，这并不寻常。无论我去哪里，总有人会问我："佛教是什么？"他们拿着笔记本，准备把我的回答记录下来。你们可以想象我会有什么样的感受！但是在这里，我们只是修禅而已，这就是我们所做的，而且我们乐在其中。我们不需要理解禅是什么，我们在修禅。所以，我们无需从理性上理解禅，我想这一点对美国社会来说是不同寻常的。

美国有各种各样的生活方式和宗教信仰，因此，对宗教之间的区别进行讨论和比较似乎是很自然的事情。但我们不需要比较佛教和基督教。佛教就是佛教，佛教是我们的修行。以清净心修行，我们甚至会忘记身在何方，所以我们不会和其他宗教进行比较。也许有人会说禅宗不是宗教。或许如此，但或许禅宗是宗教之前的宗教，因此，它不是普通意义上的宗教。但禅是美妙的，哪怕我们不对它进行理性的研究，哪怕我们没有教堂和华丽的装饰，但我们仍然可以欣赏我们最初的本性。我认为这是相当不寻常的。

初始的佛教

事实上,我们根本不是曹洞宗,我们只是佛教徒。我们甚至不是禅宗弟子,我们只是佛教徒。理解了这一点,我们才是真正的佛家子弟。

行、立、坐、卧是佛教的四种活动或行为方式,坐禅并不在其中。按照道元禅师的说法,曹洞宗也并非佛教众多宗派之一。中国的曹洞宗可能是佛教宗派中的一支，但道元禅师认为他的修行之道不属于佛教宗派。如果是这样，你可能会问，我们为什么要强调坐姿，或者我们为什么强调要跟随一位师父。原因在于坐禅不仅仅是四大行为方式之一，它还是包含了无数活动的修行方式。坐禅的历史甚至早于佛祖，并且会永远存在下去。因此，坐禅的姿势不可与四大行为方式相比较。

人们常常认为某种特别的姿势或者对佛教的某种理解非常重要，他们会想："这才是佛教！"但我们不能把自己的修行方式和人们通常理解的修行方式进行比较。我们的教义也无法和其他的佛教教义进行比较。所以，我们需要一位不坚持任何一种对佛教的特定理解的师父。佛教原本的教义中就包含了所有的宗派。传统上，佛教徒应当像佛祖一样，不坚持任何特定的宗派或教条。然而，如果没有师父，我们常常会以自己的理解为傲，这样就失去了佛教教义原本的特点，也就是对各种教派的兼收并蓄。

佛祖是教义的开创者，因此人们暂且将他的教义称为"佛法"，但佛法并非指某种特定的教义。佛法就是真理，包含各种不同的真理。禅修包含了各种不同的生活行为。所以事实上，我们并不单单强调打坐的姿势。如何打坐就是如何行动。我们研究如何通过打坐来行动，因为这是最基本的行动方式。我们通过这种方式来修禅。即使我们修禅，我们也不会把自己称为禅宗。我们只是仿效佛祖坐禅，这就是我们修行的原因。佛祖告诉我们如何通过修行来行动，所以我们才会打坐。

做一些事情，活在每一刻都是佛祖暂时的活动。而打坐则是成为佛祖本身，就像曾经的佛祖那样。同样的道理适用于所有事情，任何事情都是佛祖的行为。所以，无论你做什么，即使你没做什么，其中都有佛的存在。人们对佛祖没有这样的认识，因此他们认为自己做的事情是最重要的，他们不知道实际上是谁在做。人们认为自己在做不同的事情，实际上是佛在做一切。每个人有不同的名字，但这些名字都是佛祖的名字。每个人有很多行为，但这些行为都是佛祖的行为。不懂得这一点，人们才会强调某些行为的重要性。他们强调坐禅，那就不是真正的坐禅。看上去他们像佛祖一样在打坐，但他们对修行的看法有很大的不同。他们只是把打坐的姿势看作人的四大基本姿势之一，他们认为："我现在采取了这个姿势。"然而，坐禅包含所有的姿势，每一种姿势都是佛的姿势。这才是对坐禅姿势的正见。以这样的方式修行就是佛教。这一点非常重要。

因此，道元禅师才说自己不是曹洞宗的师父或弟子。他说："其他人可能会称我们为曹洞宗，但我们没有理由也这么称呼自己。你们甚至不应该用曹洞宗这个名称。"没有哪个宗派可以把自己看作独立的教派，它们都是佛教暂时的形式。不过，只要各个宗派不接受这种看法，仍然使用特定的名称，我们也只能接受曹洞宗这个暂时的名称。但我想把话说清楚。事实上，我们根本不是曹洞宗，我们只是佛教徒。我们甚至不是禅宗弟子，我们只是佛教徒。理解了这一点，我们才是真正的佛家弟子。

佛祖的教义无处不在。今天下雨了，这就是佛祖的教义。人们认为自己的方式或者对宗教的理解才是佛祖之道，却不知道自己听到了什么，正在做什么，也不知自己身在何处。宗教无关乎任何特定的教义。宗教无处不在。我们必须按这种方式理解教义。我们应当忘记所有特定的教义，不应当问哪种教义好，哪种不好。不应当有任何特定的教义，教义存在于每时每刻、每种存在之中，这才是真正的教义。

虽是午夜，黎明将至。

夜与日并无分别,它们本是一回事,有时被称为夜晚,有时又被称为白天。

超越意识

在杂念中恢复清净心就是修行……试图去除杂念，杂念只会更加牢固……你只需说：'哦，这只是杂念罢了！'不必为其感到困扰。

我们应当在没有修行或开悟的地方修行。只要我们在有修行或开悟存在的地方修行，就没有机会获得完全的平静。换句话说，我们必须坚定地相信真我。我们的真性超越了意识经验。只有在自己的意识经验中我们才会发现修行和开悟，或者善与恶。但不管我们是否见到了自己的真性，它就存在于那里，超越了意识，切切实实地存在着，我们的修行必须以此为基础。

即使心存善念也并非好事。佛祖曾说："你应当如此，不应当那样。"但脑子里想着佛祖的话却不见得是好事，那对你来说是一种负担，可能不会让你真的感觉很好。事实上，哪怕是怀有恶意，也胜过脑海里存在着什么是好、应该做什么的想法。有时候，心里有一些恶作剧的想法是可以接受的，因为这些想法是真实的。事实上，善恶并不重要。重要的是要让自己平静下来，并且能够坚持下去。

当你的意识中有一些想法时，你就无法做到完全的沉静。想要做到完全的沉静，最好的办法就是放下一切。这样，你的心就会平静下来，变得开阔而清晰，可以毫不费力地看见和感悟事物的本质。达到完全沉静的最佳途径是不保留对事物的任何看法，无论什么事情，都要将它们彻底忘记，不留下任何思考的痕迹。但如果你试图停止思考，超越自己的意识行为，那只会增添新的负担。"我必须在修行时停止思索，但我做不到，所以我的修行还不够好。"这类想法也是错误的修行理念。不要试图停止思考，一切顺其自然。这些想法不会在你的脑海中停留太久，随它们来去。这样，你的心就可以保持长时间的澄澈空明。

因此，修行中最重要的是要对自己原本空明的心灵有坚定的信念。佛经中有时会用大量的比喻来描绘空明的心境。有时，我们用一个无法计算的天文数字来形容它，那是为了说明它无法衡量。用一个大到无法计算的数字，你就会失去计算的兴趣并最终放弃。这种描述也会让你对"无数"这个词感兴趣，这有助于你摆脱自己狭窄的心胸。

不过,只有在坐禅时你才会对空明的心产生最纯粹、最真实的体验。事实上,空明的心不是一种心态,而是佛祖和六祖曾体会过的本心。"本心"、"初心"、"本相"、"佛性"以及"空性",这些词语都代表了心灵绝对的平静。

你们知道如何让自己的身体休息,却不知道如何让自己的精神休息。即使躺在床上,你的心依然忙碌,即使睡着了,你的心仍然在忙着做梦。你的心始终在剧烈地活动,这并非好事。我们应当知道如何放下思考而忙碌的心。为了超越自己的思维能力,我们必须对心的空性有坚定的信念。坚定地相信心可以做到完全休息,我们就能恢复原本纯粹的状态。

道元禅师说:"要在杂念中修行。"即使你认为自己身处杂念之中,但其中也包含了你的清净之心。在杂念中恢复清净心就是修行。如果你能在杂念中保持清净的本心,杂念就会自行消失。当你说"这只是杂念罢了！"，杂念就会消散，因为它会感到无地自容，就会跑开。所以，要在杂念中修行。心有杂念也是修行，你将在自己意识到之前获得开悟。即使你没有意识到，你仍然会开悟。所以，当你说"这只是杂念罢了！"时，你就真正地开悟了。试图去除杂念，杂念只会更加牢固。你的心为了对付杂念而变得愈加忙碌。这并不好。你只需说："这只是杂念罢了！"不必为其感到困扰。只要观察杂念，你就会获得真实、平静、平和的心境。而当你开始对付杂念，你就会被卷入其中。

因此，无论是否获得开悟，只要坐禅就够了。试图开悟会给你的心带来沉重的负担，你的心就不够澄澈，无法看到事物的本质了。如果你真的感到了事物的本质，你会发现那就是它们原本该有的样子。一方面，我们应当获得开悟，这是我们的应然；而另一方面，只要我们的肉身存在，想要获得开悟在事实上就很困难，这是此刻的实然。可只要我们开始打坐，就会唤起我们天性中的两面，我们会同时看到事物的应然和实然。因为我们现在还不够好，所以我们想改善自己，而当我们达到超凡的境界，我们就会超越事物的应然与实然。以我们本心的空性来看，它们是一体的，因此我们将从中获得完全的平静。

宗教通常在意识领域内发展，并设法完善其组织、修建华美的建筑、创作音乐、演变出一套哲学等等。这些都是宗教在有意识的世界的活动。而佛教看重无意识的世界。发展佛教的最佳途径就是坐禅，只要打坐并对我们的真性怀有坚定的信念即可。当然，研究佛教的哲学也是有必要的，这会加强你的信念。佛教哲学非常普遍且富于逻辑，它不仅是佛教的哲学，它是生命本身的哲学。佛教教义的目的是指出生命本身就存在于我们清净的本心之中，超越于意识之外。佛教的所有修行都是为了维护这一真义，而非以某种奇妙、神秘的方式传播佛教。因此，我们在讨论宗教时应该以最普通和最广泛的方式，而不应该试图用美妙的哲学思想来传播我们的修行之道。在某些方面，佛教是相当有争议性的，有一些容易引起争论的地方，因为佛教徒必须保护自己的修行方式不受对宗教神秘或奇妙的解读的影响。哲学讨论并不是理解佛教的最佳方式。成为虔诚的佛教徒的最好办法就是打坐。非常幸运，我们能有一个场地用来打坐。我希望你们对只需打坐的修禅方式抱有坚定、开阔、沉着的信念。只要打坐就够了。

佛祖的开悟

如果你……为自己取得的成就感到骄傲，或者因为理想化的努力而感到气馁，修行就会成为困住你的高墙。

我很高兴于佛祖在菩提树下开悟这一天来到这里。佛祖在菩提树下开悟时曾说："奇哉！一切众生皆具如来智慧德相!"他的意思是修禅时我们都具有佛性,每个人都是佛祖本身。佛祖所说的修行并非指必须坐在菩提树下,或者必须盘腿而坐。这种坐姿的确是我们最基本或最原本的姿势,但佛祖的意思是山、树、流水、花,万物皆有佛性,一如佛祖本身。也就是说,万物的活动就是佛的活动,且自有其各自的方式。

然而,万物并非在自己的意识领域中理解自己存在的方式。我们的所见所闻只是真实自我的一部分,或者仅仅是一个有限的概念而已。当我们只是以本来的方式存在时,我们就体现了佛祖本身。换句话说,当我们修行,例如在坐禅时,就体现了佛祖之道或者佛性。当我们去问佛性是什么,佛性便消失了。而当我们只是打坐,我们就对佛性有了充分的了解。理解佛性的唯一方法就是修禅,就是像我们一样坐在这里。所以,佛祖所说的佛性指的是像他一样坐在那里,超越意识的领域。

佛性就是我们的本性，在我们修禅以及从意识层面认识到这一点之前，它就存在于我们身上。从这个意义上来说，我们所做的一切都是佛的活动。试图理解只会让你无法真正理解。而当你不再试图理解时，对佛性的正见就总是会其义自现。坐禅后，我通常会讲一番话，但人们来这里不只是为了听我讲话，而是来修禅的，我们永远都不要忘记这一点。我讲话是为了鼓励你们用佛祖的方式修禅。所以说，尽管人人都有佛性，但如果你带着正在修禅或者不在修禅的念头，或者无法接受自己就是佛祖，那么你们既不理解佛祖也不理解禅。而当你们以佛祖的方式修禅时，你们就会理解我们的修行之道。我们不做太多的交谈，但我们通过自己的行动在有意无意地和彼此交流。我们要时刻对彼此的交流保持足够的灵敏，无论是否使用语言。忘记这一点，就失去了佛法最重要的意义。

不管到哪里，我们都不应该放弃这样的生活方式，这就是"做佛",或者"做老板"。无论去哪里,你都要成为周围环境的主人,也就是说你不应当放弃自己的方式。这就是佛,因为你总是以这样的方式存在,你就是佛祖本身。你不需要试图成为佛,你就是佛,这就是开悟。获得开悟就是永远与佛同在。通过一遍遍重复,我们会获得这样的见解。但如果你忘了这一点,为自己取得的成就感到骄傲,或者因为理想化的努力而感到气馁,修行就会成为困住你的高墙。我们不应该自建牢笼。因此,到了坐禅的时间,就起身去和师父一起打坐,和他交谈,听他讲话,听完便回家,所有这些流程都是我们的修行。遵循这种方式,不期望有所得,你就会一直都是佛,这就是真正的禅修。这样,你也许就会理解佛祖开悟后的第一句话"一切众生皆具如来智慧德相"的真义了。

后记

禅心

雨尚未停,我们就听到了小鸟的声音。哪怕大雪纷飞,我们也可以看见雪莲花,以及萌芽的新鲜植物。

在美国,我们不能像在日本一样对禅宗弟子进行定义。美国弟子并非僧人,也不完全是俗家弟子。我是这么理解的：不是僧人不是什么难事，而不是俗家弟子却是问题。我认为你们是一群特殊的人，想要的是不同于僧侣或者俗家弟子的修行方式。你们在探索适合的生活方式，我想那就是我们的禅宗社团，是我们这个群体。

不过，我们也必须了解原本完整的修行方式和道元禅师的修行之道。道元禅师说有人会开悟，而有人不会。我对这一点非常感兴趣。尽管用相同的方式做着同样的基本修行，但有些人会开悟，而有些人却不会。这意味着即使没有开悟的经验，只要以正确的姿势打坐，对修行持有正确的心态和正见，那就是禅。重点是要认真地修行，而重要的心态是要理解大心，并对其保有信心。

我们说"大心"、"小心"、"佛心"以及"禅心"，这些词有其各自的含义，但我们不应当试图根据经验来理解它们。我们谈开悟的体验，但它与善恶、时空，或者过去、将来都无关，它是超越这些定义或感受的一种体验或意识。所以，我们不应当问："开悟是一种怎样的体验？"这表明你不懂禅的体验。不要以平常的思考方式来寻求开悟。放下这样的思维方式，你才有可能理解禅的体验。

我们必须坚信大心，而这不是某种可以客观体验的事物。它始终与你同在，永远在你左右。就像你的眼睛与你同在，尽管你看不到它们，它们也看不到自己。眼睛只会看到外面的世界，以及客观的事物。当你反思时，你的自我就不再真实。你无法把自己当成客观的物体进行思考。永远与你同在的心不仅仅是你自己的心，也是宇宙之心，而宇宙之心永远不变，和其他人的心也并无不同，这就是禅心。禅心非常广阔，你见到的一切都是它。你的真心永远与你所看到的一切同在。尽管你不明白自己的心，但它就在那里，你看到事物的每一刻，它都与你同在。这非常有趣。你的心永远都是你之所见。因此，你的心同时也是万物。

真心是注视的心。你不能说："这是我，是我的小心或有限的心，而那是大心。"你这样是在限制自己，使自己的真心受到局限，对自己的心进行了物化。达摩祖师说："欲观鱼者……先见水。"事实上，当你看见水时，你就看到了真正的鱼。在看见佛性之前，你要观察自己的心。见到水，就见到了真性。见真性就是看水。当你说"我打坐很差"时，就显露了自己的真性，只是愚钝的你没有意识到而已，你有意忽略了这一点。观察己心的那个"我"非常重要。这不是"大我"，而是不停运动的"我"，总是游来游去，总是展翅飞翔于广阔的天空。这里的翅膀指的是思想和行动，而广阔的天空就是家，是"我"的家，那里没有鸟，也没有空气。鱼儿嬉水时，水和鱼都是鱼，除了鱼以外别无他物。你们明白了吗？你不能用解剖学来找到佛性。现实无法被思想和感受之心捕捉。时刻观察自己的呼吸、自己的坐姿就是真性。除此以外，没有其他的奥秘。

我们佛教徒不会只把物质，或者精神、大脑的产物或者心灵当成存在的属性。我们总是说身和心、心灵和物质永远是一体的。不仔细听，你会误以为我们在谈论某些存在的属性，或者在谈论"物质"和"精神"。也许这是其中的一个说法。但事实上，我们说的是永远与我们同在的心是真心。开悟就是指出、理解并意识到这个心永远与我们同在，而我们却看不见它。明白了吗？像看到天空中明亮的星星一样，证得开悟看上去很美，而且你也许会想："啊，这就是开悟。"但那不是开悟。这种想法简直就是外道。即使你不知道，但你的这种想法中只有物质的概念。即使你似乎通过好的修行找到了那颗明亮的星星，但再多的开悟也都是如此，只有物质，只有你心里的某些客体。那只是自我与客体的概念，并非寻求开悟的正道。

禅宗的基础就是我们的真性，我们在修行中所表达和意识到的真心。禅不依赖于某种特定的教义，也不会用教义来代替修行。我们通过修禅来表达真性，而不是为了开悟。达摩祖师的禅道是：修行即开悟。起初，这可能是某种信念，但后来学禅之人就能获得这种体验。身体的修行和规范不是很容易理解，尤其对美国人是如此。你们对自由的概念集中在身体或者行动的自由之上。这样的想法给你们带来了精神上的痛苦和自由的丧失。你们想控制自己的思想，认为自己的一些想法毫无必要，让人痛苦，总是在纠缠自己，但你们从未想过要限制自己身体上的行动。正因如此，百丈禅师[1]才在中国建立了禅宗的清规和禅修之法。他有意以此来表达和传递真心的自由。禅心就是通过以

---

[1] 百丈怀海禅师是马祖道一禅师的法嗣，鉴于当时旧教戒律与禅宗的发展产生了冲突，他对教规进行了改革，设立了百丈清规，推进了禅宗的发展。——译者注

百丈清规为基础的禅修生活传递下来的。

我认为作为一个群体，作为美国的禅宗弟子，我们很自然地需要某种生活方式，而百丈禅师的僧人生活方式是在中国建立的，所以我认为我们必须建立适合美国的禅修方式。我不是在开玩笑，我非常认真。不过，我不想过于严肃，如果太严肃，我们就会迷失方向。但当成儿戏，我们也同样会迷失。我们必须靠耐心和耐力一点点地找到我们自己的路，找到与自己和其他成员共同生活的方式。这样，我们就会找到适合我们的一套戒律。如果我们努力修行，专注地坐禅，安排自己的生活以便很好地打坐，我们就会了解自己正在做什么。不过，你们在制定规范和方法时要谨慎小心，如果太严格，你们会做不到，如果太宽松，这些清规就起不到作用。我们的清规应当足够严格，具有一定的权威，每个人都应当遵循。但同时，我们的清规又是可以遵守的。禅宗的传统就是这样建立起来的，是我们在修行中一点一点确定下来的。我们的清规不应有任何勉强之处，但清规一旦建立，我们就要完全地遵守，除非它们发生了变化。这无关乎好坏，也无关乎方便或不方便。只要坚定不移地去做就好了。这样一来，你的心就是自由的。重要的是要无差别地遵守清规。这样，你就会了解清净的禅心。拥有我们自己的修行方式是为了鼓励人们拥有更加精神性的、更适合人类的生活方式。我想总有一天你们会有美国人自己的修行方式。

　　修行是研究清净心的唯一途径。我们内心深处的本性需要借助某种媒介，或者说某种方式来表达和实现自我。我们通过清规来回应内心的这种需求，历代祖师向我们展示了他们的真心。通过这样的方式，我们就会对修行有准确而深刻的理解。我们必须有更多的修行体验。至少，我们应当有一定的开悟体验。你们必须对永远与你们同在的大心抱有信心。你们要用将事物看作大心的表达来欣赏。这不仅仅是信仰，还是你无法拒绝的终极真理。无论修行是难是易，无论理解佛法是难是易，你只能去修行。是僧人还是俗家弟子并不重要。重要的是发现正在做事情的自己，通过修行恢复自我真实的存在，恢复与万物同在，与佛祖同在，并获得万物全力支持的你。而且就在此刻！你也许会说这是不可能的，但这是完全可能的！即使只有一瞬间，你也可以做到！此刻就可以！就是现在！而且，此刻你能做到，那就意味着你永远都可以做到。如果你有这样的信心，这就是你的开悟体验。如果你对自己的大心抱有强烈的信心，你早已成为一个真正意义上的佛教徒，即使你没有达到开悟。

所以，道元禅师说："不要期望所有修禅的人能够证悟，了解这颗总是与我们同在的大心。"他的意思是说如果你认为大心存在于你自身之外，存在于修行之外，那是不对的。大心永远和我们同在。因为看到你们不理解，我才一再地强调这一点。不是只有能盘腿而坐的人或者拥有强大心灵能力的人才能修禅。众生皆有佛性。我们每个人都必须找到实现自己真性的修行之道。修行就是为了直接体验存在于每个人身上的佛性。无论你们做什么，都应当是对佛性的直接体验。你们的努力应当可以拯救众生。如果我的话还不足以让你们明白，那就吃我一打！那样你们就会明白我的意思了。即使你们现在还不理解，也总有一天会明白。总有一天会有人明白的。我会等待传闻中的那个小岛沿着海岸从洛杉矶漂向西雅图。

我觉得美国人，尤其是美国的年轻人，很有可能找到适合人类的真正修行之道。你们完全不受物质的影响，抱着非常纯净的初学者之心开始修禅。你们能够准确地理解佛祖的教义。然而，我们不能执着于美国的修行方式、佛理，甚至修行。我们要有初学者的心，不在意得失，懂得一切都在变化，一切不过是暂时以现在的色相而存在的。事物瞬息万变,无法捕捉。雨尚未停,我们就听到了小鸟的声音。哪怕大雪纷飞,我们也可以看见雪莲花,以及萌芽的新鲜植物。早在东方时我便见过大黄[1]。而在日本,我们在春天就会吃黄瓜。

---

1 大黄,蓼科大黄属的高大粗壮草本植物,可做中药。——译者注

图书在版编目(CIP)数据

禅者的初心 / (日)铃木俊隆著;刘勇军译. — 长沙:湖南文艺出版社,2025.5. — ISBN 978-7-5726-2296-0

Ⅰ.B

中国国家版本馆 CIP 数据核字第 20251Z55K3 号

禅者的初心
CHANZHE DE CHUXIN

著　　者：[日]铃木俊隆
译　　者：刘勇军
出 版 人：陈新文
监　　制：谭菁菁
责任编辑：冯　博　李　颖
策　　划：李　颖
特约编辑：李　颖　黎添禹
营销编辑：王思佳
装帧设计：刘佳灿

出版发行：湖南文艺出版社
　　　　　（长沙市雨花区东二环一段 508 号　邮编：410014）
网　　址：www.hnwy.net
印　　刷：长沙超峰印刷有限公司
经　　销：湖南省新华书店
开　　本：787mm×1092mm　1/32
印　　张：7.5
字　　数：89 千字
版　　次：2025 年 5 月第 1 版
印　　次：2025 年 5 月第 1 次印刷
书　　号：ISBN 978-7-5726-2296-0
定　　价：49.80 元

版权所有，侵权必究